SPÉCIAL
SÉJOUR
LINGUISTIQUE

W0286711

Le petit guide de survie EN ESPAGNE

LAROUSSE
21, rue du Montparnasse 75 283 Paris Cedex 06

21, rue du Montparnasse
75283 Paris CEDEX 06

www.larousse.fr

ISBN 978 2 03 587276 0

Direction de la publication : Carine Girac-Marinier
Direction éditoriale : Claude Nimmo
Édition : Giovanni Picci
Rédaction : David Tarradas Agea
Révision : Dominique Chevalier
Relecture-Correction : Henri Goldszal
Direction artistique : Uli Meindl
Illustrations : Alain Boyer
Mise en page : Giovanni Picci et Les PAOistes
Informatique éditoriale : Dalila Abdelkader, Philippe Cazabet
Fabrication : Marlène Delbeken

Sommaire

Sommaire

1

¡Bienvenidos!

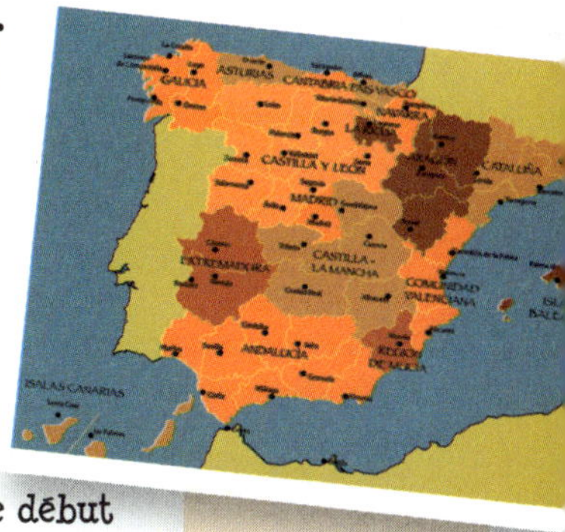

Le voyage touche à sa fin. Tu vas passer quelques jours en territoire hostile et tu as l'estomac noué... Il va falloir te battre pour survivre... Heureusement, tu as ce guide entre les mains ! Ne le lâche jamais, ta vie en dépend ! Mais ne t'inquiète pas trop non plus, tes hôtes sont certainement très gentils et seront ravis de faire de ton séjour une expérience utile et inoubliable. Respire un bon coup et crois-moi... c'est le début d'une belle aventure ! Tu ne voulais pas y aller, tu ne voudras pas en repartir...

Mais d'abord, comment se reconnaître ?

¡Cómo eres!

Tu sors de ta poche une boule de papier chiffonné. Quel soulagement ! Le mail ! Avec un peu de chance ils ont joint une photo. Peut-être, même, vous êtes-vous vus par webcam, mais, comme chez nous, toutes les familles espagnoles ne sont pas à la pointe de la technologie.

Alors, qui dois-tu chercher ?

Un homme (un hombre), une femme (una mujer) ? Est-il/elle jeune (joven), vieux/vieille (viejo/vieja), grand(e) (alto/alta), petit(e) (bajo/baja) ? Sont-ils minces (delgado/delgada) ou ronds (gordo/gorda) ? Portent-ils des lunettes (con gafas) ?

De ton côté, tu as bien précisé :

Tengo el pelo largo/corto.
J'ai les cheveux longs/courts.

Soy rubio(-a)/moreno(-a).
Je suis blond(e)/brun(e).

Soy pelirrojo(-a).
Je suis roux (rousse).

Tengo los ojos azules/verdes/marrones.
J'ai les yeux bleus/verts/marron.

El aeropuerto

Te voilà donc dans un aéroport inconnu. Tu jettes un coup d'œil méfiant autour de toi et tu repères des panneaux de signalisation dont les dessins plus ou moins explicites te permettent de t'orienter dans cette jungle. Et s'il n'y a pas de dessins ? Voici une petite aide :

salidas	départs
llegadas	arrivées
pasajeros en tránsito	passagers en transit
información	renseignements
conexión de vuelos	correspondance

Après ce long vol, tu devras peut-être régler une première urgence... Demande donc :

¿Dónde están los aseos de caballeros/de señoras?
Où se trouvent les toilettes pour hommes/pour femmes ?

Tu peux aussi dire :

¿Dónde están los servicios?

Passons maintenant aux choses sérieuses. Ta première mission est de récupérer tes bagages, la deuxième, de retrouver la famille qui est venue te chercher. Il y a donc deux panneaux qui t'intéressent :

recogida de equipajes retrait des bagages

¡Damas y caballeros!

On te l'accorde : ça fait vieux jeu, ça fait désuet, ça fait ringard... mais en Espagne, sur la porte des toilettes ou pour indiquer les cabines d'essayage, on affuble les hommes du titre de caballeros (chevaliers) !

punto de encuentro point de rencontre

Ta valise est lourde (tes affaires et des petits cadeaux pour la famille), va chercher un chariot à bagages (un carrito portaequipajes). Une fois celle-ci récupérée, dirige-toi vers le panneau qui indique la sortie (salida).

La estación

Si tu as voyagé en train, cela va être un peu plus facile en arrivant. Probablement la ou les personnes qui viennent te chercher t'attendent en tête de train avec une pancarte où figure ton nom écrit en grosses lettres. Tu sens le trac et la pression monter... Seront-ils là ? Que faire s'ils t'ont oublié(e) ? Où as-tu noté leur numéro de téléphone ? Panique !! Tu parcours fébrilement la foule du regard...

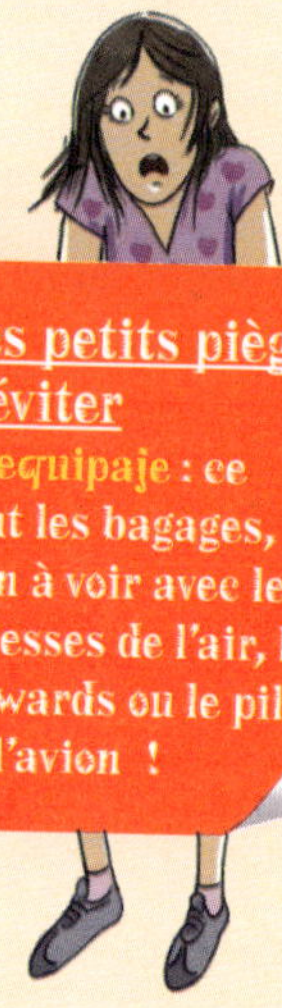

Les petits pièges à éviter

El equipaje : ce sont les bagages, rien à voir avec les hôtesses de l'air, les stewards ou le pilote de l'avion !

¿Hay un problema?

Personne en vue. Aïe ! Aurais-tu mal compris ? Tu peux essayer de repérer un point info (un centro de información).

Et garde ton calme ! En Espagne, quelqu'un viendra TOUJOURS à ton secours. Il te suffira de dire :

Le petit point de grammaire : ser ou estar ?

Comme tu l'as appris, on utilise ser pour décrire des personnes, leur aspect physique et leur façon d'être :

Mi padre es moreno. Mon père est brun.
Tu amiga es simpática. Ton amie est sympathique.

Estar, lui, exprime un état passager ou une localisation dans l'espace :

Estoy cansado. Je suis fatigué.
Estamos en la estación. Nous sommes à la gare.

L'expression qui sauve
Me he perdido veut simplement dire que tu es perdu(e). Pour indiquer ce que tu cherches et où tu souhaites aller, dis seulement :
Estoy buscando...

¿Tú o usted?

Tu auras très peu l'occasion d'employer la forme de politesse usted. Qu'ils soient intimes ou de complets inconnus, les Espagnols se tutoient dès la première rencontre. Le vouvoiement ne s'adresse qu'aux personnes très âgées ou pour marquer de la déférence.

¡Bienvenidos a España!

¿Puedes ayudarme?
Peux-tu m'aider ?

Estoy buscando la salida.
Je cherche la sortie.

¿Dónde está la sala de espera?
Où se trouve la salle d'attente ?

¿Dónde está el punto de encuentro?
Où est le point de rencontre ?

On te répondra sans doute :

No pasa nada, te acompaño si quieres.
Pas de problème, si tu veux on t'accompagne.

¡Hola! ¿Qué tal?

Ouf, les voilà ! Tu as repéré ton ou tes sauveurs et tu te sens vraiment mieux ! Fonce donc vers eux et, pour les impressionner, lance d'un ton assuré :

¡Hola! Soy Marion.
Salut ! Je suis Marion.

Ta nouvelle famille va certainement s'intéresser au déroulement de ton voyage :

¡Hola! ¿Cómo estás?
Bonjour. Comment vas-tu ?

¿Qué tal? ¿Cómo ha ido el viaje?
Ça va ? Ça a été, ton voyage ?

Voici quelques réponses possibles :

Muy bien, gracias.
Très bien, merci.

Bien, pero estoy un poco cansado(-a).
Bien, mais je suis un peu fatigué(e).

Ha sido un poco largo y pesado.
Ça a été un peu long et fatigant.

¡Pensaba que no iba a llegar nunca!
Je croyais que je n'allais jamais arriver !

Et, pour te montrer d'emblée sous ton meilleur jour :

Check-list

On t'a préparé un petit mémo très utile et pratique de choses à vérifier avant le départ, et à emporter avec toi. On te laisse le soin de décider combien de paires de chaussettes tu mettras dans ta valise...

- As-tu pris contact avec ta famille d'accueil ?
- T'es-tu décrit(e) ?
- As-tu demandé leur description ?
- As-tu leurs numéros de téléphone ?
- Avez-vous décidé d'une heure et d'un lieu de rencontre ?

Et n'oublie pas de mettre tout ça dans ta valise :

- 1 plan de Madrid ou de Barcelone, enfin de la ville où tu logeras
- 4 photos d'identité pour documents
- ton lecteur MP3 (je n'ose même pas imaginer ce qu'ils écoutent là-bas)
- ce guide (indispensable !) et un petit dictionnaire de poche (Larousse, évidemment !)
- ta carte d'identité
- une carte européenne d'assurance maladie (à demander à ta caisse d'assurance maladie au moins 15 jours avant le départ). Pour plus d'information, consulte le site de l'Assurance Maladie en ligne). Pas question de tomber malade, mais ça rassure ta mère...
- une autorisation parentale de sortie du territoire – si tu es mineur(e)... – La honte ! À mon âge !
- les numéros de téléphone de tes parents, en cas de pépin...

¡Bienvenidos a España!

Estoy muy contento(-a) de estar aquí.
Je suis très heureux(-euse) d'être là.

Si tu ne comprends rien à ce qu'ils te disent, tous en même temps et à toute vitesse, dis simplement :

No entiendo.
Je ne comprends pas.

¿Podrías repetirlo más despacio, por favor?
Pourrais-tu répéter plus lentement, s'il te plaît ?

Après ce court échange, il est temps de rejoindre la maison où tu vas vivre les prochains jours, et de faire connaissance avec le reste de la famille qui te dira sûrement :

¡Bienvenido(-a) a casa!
Bienvenue à la maison !

¡Siéntete como en tu propia casa!
Tu es ici chez toi !

Pour un premier contact, ça c'est plutôt bien passé, non ?

QUIZ Un petit quiz pour terminer !

Comment dirais-tu en espagnol : « Salut ! Je suis Kevin » ?

....

De ces trois phrases, deux servent à demander où se trouvent les toilettes. Lesquelles ?

- ❍ **¿Dónde está la salida?**
- ❍ **¿Dónde están los aseos?**
- ❍ **¿Dónde están los servicios?**

Question subsidiaire ! L'Espagne, par la forme de son territoire, porte parfois un autre nom, lequel ?

- ❍ **El hexágono**
- ❍ **La bota**
- ❍ **La piel de toro**

2

¡Hola!

Séjourner dans une famille d'accueil te permettra de partager la vie des Espagnols et de mieux connaître leurs coutumes. Nos amis ibériques sont vraiment très accueillants ; ils vont te considérer d'emblée comme un nouveau membre de la famille et feront tout pour que tu te sentes chez toi.

Para entenderse

Tu es encore un peu à l'ouest après ce long voyage ? Pas question de rester muet(te) comme une carpe sur le trajet de la maison. À peine la voiture a-t-elle démarré qu'ils veulent tout savoir sur toi. N'hésite pas à répondre, assume tes lacunes et préviens-les (ils vont vite s'en rendre compte de toute façon) :

Hablo un poquito español.
Je parle un tout petit peu espagnol.

Entiendo bastante bien el español, pero me cuesta hablar.
J'arrive à comprendre l'espagnol, mais j'ai du mal à parler.

Lo encuentro un poco difícil.
Je trouve ça un peu difficile.

Hay algunas palabras que me cuesta pronunciar.
J'ai du mal à prononcer certains mots.

Et ajoute, d'un ton enthousiaste (et du plus profond de ta gorge !) :

Espero mejorar mi español.
J'espère améliorer mon espagnol.

Tu savais que les Espagnols parlaient vite,

¡Bésame mucho!

Selon la région où tu iras, les gens seront plus ou moins expansifs : moins dans le Nord et plus dans le Sud. On pourra donc t'accueillir en te tendant la main, comme les grandes personnes, mais il est aussi probable qu'on te fasse la bise. Dans ce cas, sache qu'en Espagne on n'en fait que deux.

Les petits pièges à éviter

Entender veut dire « comprendre » (et non « entendre »). Par conséquent, lorsqu'on te demande ¿entiendes?, on ne s'intéresse pas à tes oreilles mais à ton cerveau. On peut aussi utiliser comprender. Mais au fait, sais-tu comment se dit « entendre » ? Bravo ! C'est bien oír.

mais alors à ce point-là ! Waouh ! L'horreur ! T'inquiète, voici quelques formules pour leur faire comprendre qu'ils vont devoir se mettre à ta portée :

¿Cómo?
Pardon ?

Perdona, pero no entiendo.
Excuse-moi, mais je ne comprends pas.

¿Lo puedes repetir?
Peux-tu répéter ?

¿Podrías hablar más despacio?
Pourrais-tu parler plus lentement ?

Tu as compris ? Non ?

No entiendo.
Je ne comprends pas.

Et, si tu as complètement perdu le fil de la conversation :

No entiendo nada de nada.
Je ne comprends rien du tout.

Ne te décourage surtout pas ! Tu viens tout juste d'arriver et tu es précisément là pour ça : faire des progrès !!

Il te faut acquérir coûte que coûte du vocabulaire, alors montre du doigt tout ce qui t'entoure et demande :

¿Cómo se llama esto?
Comment appelle-t-on ça ?

¿Qué significa ...?
Ça veut dire quoi... ?

¿Cómo se escribe?
Comment ça s'écrit ?

Sans oublier la question primordiale :

¿Qué es eso?
Qu'est-ce que c'est ?

On ne pourra pas dire que tu manques de curiosité !

Las presentaciones

Peut-être se sont-ils tous déplacés pour venir te chercher ? Si ce n'est pas le cas, tu vas maintenant faire connaissance avec le reste de la famille.

Este es Guillermo, mi hermano.
Voici Guillermo, mon frère.

Aquí está Ana, mi hermana.
Voici Ana, ma sœur.

Te presento a mi abuela.
Je te présente ma grand-mère.

Lorsqu'on te présente quelqu'un, il suffit de dire ¡Hola! (Salut !). Si c'est une grande personne, tu peux ajouter ¡Encantado(-a)! (Enchanté(e) !), ce sera du meilleur effet !

La familia al completo

Tu as donc fait connaissance avec le père (el padre), la mère (la madre), le fils (el hijo), la fille (la hija), éventuellement avec le grand-père (el abuelo) et la grand-mère (la abuela). Mais il y a de grandes chances que, poussée par la curiosité, la famille au grand complet soit venue voir la petite merveille fraîchement débarquée... toi !! : l'oncle (el tío), la tante (la tía), le cousin (el primo) et la cousine (la prima). Et il ne faut pas t'étonner si le voisin (el vecino) ou plutôt la voisine (la vecina) est aussi de la partie !

¿Quién eres?

L'heure des questions est arrivée ! Il va falloir que tu répondes... Qui va dégainer le premier ? Mémé Olga ou l'oncle Miguel ?

¡Qué familia!

Ces dernières années, la famille traditionnelle espagnole, où la mère restait au foyer à essayer de nouvelles recettes de paella, a évolué vers de nouvelles formes (famille recomposée, monoparentale, etc.) mais il n'est pas rare, encore aujourd'hui, de trouver enfants, parents et grands-parents vivant sous le même toit.

¡Encantado(-a) de conocerte!

¿Cómo te llamas?
Comment tu t'appelles ?

Me llamo..., ¿y tú/usted?
Je m'appelle..., et toi/vous ?

Remarque, tu aurais pu attaquer le premier et dire sans attendre :

Hola, soy...
Salut, je suis...

Es la primera vez que vengo a España.
C'est la première fois que je viens en Espagne.

Ya conocía España.
Je connaissais déjà l'Espagne.

Había estado aquí de vacaciones.
Je suis déjà venu(e) ici en vacances.

Voy a quedarme dos semanas/todo el verano.
Je vais rester deux semaines/tout l'été.

Les questions fusent de tous côtés. Ils veulent tout savoir, à commencer par ta nationalité (ton accent n'est donc pas si mauvais !) :

¿De dónde eres?
D'où es-tu ?

Soy francés(-esa)/belga/suizo(-a).
Je suis français(e)/belge/suisse.

Soy de París/Ginebra.
Je suis de Paris/Genève.

Vivo en Bélgica/en Bruselas.
J'habite en Belgique/à Bruxelles.

Ils voudront aussi connaître ton âge :

¿Cuántos años tienes? / ¿Qué edad tienes?
Quel âge as-tu ?

Tengo ... años.
J'ai ... ans.

Et tu peux ajouter :

Hace tres años que estudio español.
Cela fait trois ans que j'étudie l'espagnol.

¡No me toques!

Ne t'étonne pas si, lors de la première rencontre, les adultes qui te reçoivent te prennent par le bras, te tapotent gentiment l'épaule ou t'ébouriffent les cheveux comme le feraient tes vieilles tantes ! Il faudra t'y habituer, les Espagnols aiment le contact !

Les chiffres

Tu as un trou de mémoire concernant les chiffres ? Pas de panique ! Voici un petit rappel bien utile pour dire ton âge ou donner ton numéro de téléphone :

1	uno(-a)	11	once	21	veintiuno(-a)
2	dos	12	doce	22	veintidós
3	tres	13	trece	23	veintitrés
4	cuatro	14	catorce	24	veinticuatro
5	cinco	15	quince	25	veinticinco
6	seis	16	dieciséis	26	veintiséis
7	siete	17	diecisiete	27	veintisiete
8	ocho	18	dieciocho	28	veintiocho
9	nueve	19	diecinueve	29	veintinueve
10	diez	20	veinte	30	treinta

Et jusqu'à 100 (cien), on procède par composition :

31	treinta y uno(-a)
32	treinta y dos
33	treinta y tres
40	cuarenta
44	cuarenta y cuatro
50	cincuenta
55	cincuenta y cinco
60	sesenta
66	sesenta y seis
70	setenta
77	setenta y siete
80	ochenta
88	ochenta y ocho
90	noventa
99	noventa y nueve

Mais il en faudrait plus pour les arrêter :

¿Tienes hermanos?
Est-ce que tu as des frères et sœurs ?

Tengo un hermano más pequeño/grande.
J'ai un frère plus petit / âgé.

Tengo una hermana de ocho años.
J'ai une sœur de huit ans.

Soy hijo(-a) único(-a).
Je suis fils (fille) unique.

¿Qué hacen tus padres?
Que font tes parents ?

Mis padres son medicos.
Mes parents sont médecins.

Les petits pièges à éviter

Los padres désignent « les pères », mais aussi « les parents » (le père et la mère). De même, los hijos désignent « les fils » et « les enfants » ; los abuelos, « les grands-pères » et « les grands-parents ».

Comment leur expliquer avec le peu de mots dont tu disposes (pour l'instant !) que ton père ou ta mère est :

comerciante	commerçant(e)
abogado(-a)	avocat(e)
profesor(a)	professeur
agricultor(a)	agriculteur(-trice)
Está en el paro.	Il/Elle est au chômage.

Mi abuela escucha la radio...

C'est le moment de sortir ton Larousse de ta valise... ainsi que ce paquet joliment emballé coincé sous tes chaussettes...

Le petit point de grammaire.

Pour parler de la nationalité ou de la profession, n'oublie pas que c'est le verbe ser que tu dois employer :

Mi madre es canadiense.
Ma mère est canadienne.

Mi hermano mayor es dependiente.
Mon frère aîné est vendeur.

Par contre, emploie le verbe estar lorsqu'il s'agit d'une situation (espérons) transitoire :

Mi padre está en el paro.
Mon père est au chômage.

Os he traído algo

Cela fait toujours plaisir de recevoir un petit cadeau (un regalito) et tu n'auras pas oublié de mettre dans ta valise un souvenir typique de ta région :

Os he traído algo.
Je vous ai apporté quelque chose.

Es una especialidad de mi región.
C'est une spécialité de ma région.

Tu peux leur apporter un produit régional (un producto regional) comme du fromage (el queso), du foie gras (el foie gras, pense à bien rouler le « r » !), des friandises (los dulces), des chocolats (los bombones), des galettes bretonnes... à toi de voir ce qui représente le mieux la France et ta région.

Pourquoi pas du vin (el vino) ou du champagne (el champán) ? Attention à bien les emballer.

Un livre de cuisine (un libro de cocina) peut aussi être une bonne idée, à condition qu'ils comprennent le français !

Tes hôtes te remercieront :

¡Qué detalle!
C'est gentil !

Muchas gracias, pero no era necesario.
Merci beaucoup, mais il ne fallait pas.

No tenías que haber traído nada.
Tu n'aurais rien dû apporter.

Les gestes qui sauvent

Les Espagnols utilisent des mots pour communiquer, bien sûr, mais aussi leurs mains et leur corps. Tu peux en faire autant pour te faire comprendre, mais attention, certains gestes n'ont pas le même sens pour un Français et pour un Espagnol ! Par exemple, le geste que tu vois ci-dessus ne veut pas dire « mon œil » mais attention !

Le petit point de grammaire : tener / haber

- Tener veut dire « avoir » dans le sens de posséder :

Tengo 15 años.
J'ai 15 ans.

Tengo un teléfono móvil.
J'ai un téléphone portable.

- Haber est un auxiliaire qui correspond aussi à « avoir ». Il sert à composer les temps du passé.

Nunca he estado en Sevilla.
Je n'ai jamais été à Séville.

Tu répondras tout simplement :

De nada.
De rien.

No hay de qué.
Il n'y a pas de quoi.

On te propose de te montrer ta chambre. Ouf, tu vas pouvoir souffler un peu... tu feras le tour de la maison plus tard...

QUIZ Un petit quiz pour terminer !

Que dirais-tu pour te présenter en espagnol (nom et nationalité) ?

....

Quelle est la formule correcte pour dire son âge ?

- ❍ **Soy catorce.**
- ❍ **Estoy catorce años.**
- ❍ **Tengo catorce años.**

Donne le résultat en écrivant le chiffre en toutes lettres :

¿Cuánto son cinco más siete? ....

¿Doce y siete? ....

¿Veinte más cinco? ....

Remets les lettres dans le bon ordre et tu obtiendras le mot qui sert à désigner un membre de la famille :

BAULEA ....

NARHEMO ....

APRIM ....

3

Tu cuarto

Tu as peut-être en tête des images de villages aux rues étroites avec du linge tendu entre deux balcons, de maisons aux façades blanchies à la chaux, de fenêtres fleuries de géraniums et d'œillets, de patios tranquilles et ombragés... Mais comment est la tienne ?

La casa

Appartement en ville ou maison avec jardin et piscine ? Dernier étage (un ático) ensoleillé avec grande terrasse ou sombre rez-de-chaussée (una planta baja) ? Quartier populaire ou banlieue résidentielle ? Tu commences à te faire une petite idée de l'endroit où tu vas vivre les prochains jours... et la maison que tu découvres est plus proche de la tienne en France que de celles des cartes postales.

Lors de la visite, voici quelques phrases qui te permettront d'emblée de faire bonne impression :

¡Qué bonito!
Que c'est beau !

¡Qué lugar tan agradable!
Quel endroit agréable !

¿En qué piso vives?

Pas de digicodes en Espagne ! Toutefois, dans les immeubles il y a toujours un interphone (un portero automático ou un telefonillo). Sur les touches figure le nom de l'occupant de

¡Siéntete como en tu propia casa!

l'appartement ou l'étage et la porte (signalés par des numéros ordinaux) : 4° 2^{a} (4e étage, 2e porte).

Les étages ont des noms spécifiques :

bajos (bjs.)	rez-de-chaussée
entresuelo (entlo.)	entresol
principal (pral.)	premier étage (au-dessus de l'entresol)
ático (át.)	dernier étage (jouissant souvent d'une grande terrasse)
sobreático (s/át).	dernier étage (au-dessus du « ático »)

Mais ça serait trop facile ! Histoire de compliquer les choses, il se peut qu'un immeuble compte avec un entresuelo et un principal, et ensuite... le premier étage ! Bref, le premier étage se trouve au troisième, le quatrième se trouve au ? Sors ta calculette si besoin... Mais une fois arrivé(e) au bon étage, à quelle porte frapper ?

derecha (dcha.)	droite
izquierda (izqda.)	gauche

Les petits pièges à éviter

El patio

En français, on dit souvent, allez savoir pourquoi, [passio]. En espagnol, il faut prononcer avec un « t » [patio] ! Il s'agit, tu le sais certainement, d'une cour intérieure ouverte sur le ciel, avec une fontaine ou un bassin et des plantes, sur laquelle donnent généralement toutes les pièces de la maison.

Tu dormitorio

Rien ne ressemble plus à une chambre française qu'une chambre espagnole... Tu y trouves :

la cama	le lit
la almohada	l'oreiller
la sábana	le drap
la manta	la couverture
el edredón nórdico	la couette
la mesilla de noche	la table de chevet

Si l'oreiller ne te convient pas, demande donc :

¡Siéntete como en tu propia casa!

¿No tienes una almohada más dura/blanda?
Tu n'aurais pas un oreiller plus dur/moins dur ?

Tu sauras maintenant qu'il faudrait toujours emmener son oreiller en voyage, mais… bonjour la valise !

Et si tu as peur d'avoir froid :

¿Me das por favor otra manta?
Est-ce que je peux avoir une autre couverture ?

¿Cómo hago para bajar el aire acondicionado?
Comment je fais pour baisser la clim ?

¿Cómo hago para poner la calefacción más fuerte?
Comment je fais pour mettre le chauffage plus fort ?

Tu continues à découvrir la chambre… Super ! Tu as un coin bureau ! Tu vas pouvoir étaler cahiers et dictionnaires… pour des soirées studieuses…

la mesa de despacho	le bureau
la lámpara	la lampe

Pour que tout soit parfait, tu as encore quelques questions d'ordre pratique à poser :

¿Para qué sirve este interruptor/este botón?
À quoi sert cet interrupteur/ce bouton ?

¿Cómo se abre/se cierra la ventana?
Comment ouvre-t-on/ferme-t-on la fenêtre ?

¿Cómo se sube/se baja la persiana?
Comment monte-t-on/baisse-t-on le store ?

Tu veux savoir à quoi ressemble ta série télé préférée en version espagnole ? Il faudra allumer la télé pour le savoir…

¿Cómo se enciende la tele?
Comment est-ce qu'on allume la télé ?
¿Dónde está el mando a distancia?
Où est la télécommande ?

¡Qué ruido!
Autant te prévenir : les maisons sont mal insonorisées en Espagne et les Espagnols plutôt bruyants !

Si tu comptes faire la grasse matinée, n'oublie pas de mettre dans ta valise des boules Quiès (tapones para los oídos).

La ropa

Il est temps de défaire ta valise et de ranger tes vêtements. Ta famille aura certainement fait de la place dans ta chambre, afin que tu puisses t'installer :

el armario	l'armoire
el armario empotrado	le placard
la cómoda	la commode
el estante	l'étagère
el cajón	le tiroir
la percha	le cintre

Et si tu essayais, en les rangeant, de te souvenir de leur nom en espagnol ?

los pantalones	le pantalon
los pantalones cortos	le short
los vaqueros	le jean
la falda	la jupe
la camisa	la chemise
la camiseta	le T-shirt
la sudadera	le marcel
el vestido	la robe
el suéter/el jersey	le pull
la cazadora	le blouson

Dans un tiroir, les sous-vêtements :

el calcetín	la chaussette

Le petit point de grammaire : les adjectifs possessifs

Souviens-toi que les adjectifs possessifs s'accordent en genre et en nombre avec le nom qu'ils accompagnent : mi (mon/ma), mis (mes), tu (ton/ta), tus (tes), su (son/sa ; votre ; leur), sus (ses ; vos ; leurs), nuestro/nuestra (notre), nuestros/nuestras (nos), vuestro/vuestra (votre), vuestros/vuestras (vos).

los calzoncillos	le caleçon/le slip
las bragas	la culotte
el bañador	le maillot de bain

Pas question de laisser tes chaussures au milieu du salon, demande où les ranger :

¿Dónde pongo los zapatos?
Où je mets mes chaussures ?

Mais combien de paires as-tu amenées ???

el zapato	la chaussure
la deportiva	la basket
la sandalia	la sandalette
la chancla	la tong

El lavadero

Chez toi, tu laisses tes vêtements sales en vrac n'importe où et tu les retrouves quelques jours plus tard dans ton placard, lavés, repassés et pliés… ? Ici, pas de miracle, ils vont rester par terre et s'entasser au fil des jours…. Non seulement tu vas confirmer que les Français sont cracra mais tu n'auras rapidement plus rien à te mettre… même si ta mère a prévu large…

¿Qué hago con la ropa para lavar?
Qu'est-ce que je fais de mon linge sale ?

¿Dónde está el cesto de la ropa sucia?
Où est le panier à linge sale ?

¿Te importa lavarme esto?
Ça te dérangerait de laver ça pour moi ?

¿Puedo hacer una colada?
Je peux faire une lessive ?

Bravo, tu as tout rangé et chaque chose est à sa place. Pour combien de temps ? (Quelle mauvaise langue !)

Un extraño artilugio

Dans les salles de bains espagnoles, tu verras très souvent un objet un peu étrange que l'on ne voit plus ou presque plus chez nous : le bidet (el bidé). À quoi ça sert ? Eh bien… tu peux le remplir d'eau et y tremper tes petits pieds fatigués après avoir parcouru la ville… par exemple…
Ce qui est sûr, c'est que ce n'est pas pour entasser tes chaussettes sales…

El cuarto de baño

Rien à signaler, c'est comme chez toi... plus ou moins :

el lavabo	le lavabo
el retrete	les toilettes
la ducha	la douche
la bañera	la baignoire
el grifo	le robinet

Tes hôtes vont certainement te montrer où se rangent le shampooing (el champú), le savon (el jabón) ou le gel douche (el gel de ducha). Mais il y a des choses que tu ne veux pas partager !

¿Cuál es mi toalla?
Quelle est ma serviette ?

¿Dónde pongo mi cepillo de dientes?
Où puis-je mettre ma brosse à dents ?

L'expression qui sauve

Tengo que ir al baño/al lavabo.
C'est l'expression consacrée pour demander où se trouvent les toilettes dans une maison. Comme on a vu, dans un lieu public (un aéroport, un restaurant, etc.), on demande plutôt : ¿Dónde están los servicios/los aseos?

Cuestiones prácticas

C'est un grand moment : ta nouvelle famille te confie les clés. Belle preuve de confiance. Ils te donnent également l'adresse complète de la maison (au cas où tu te perdrais). Ne pas les mettre ensemble !!!

Aquí tienes la llave.
Voici la clé.

Jusqu'à maintenant tout se passe bien, n'est-ce pas ?

Il est temps d'appeler tes parents ! Tu sais à peu près te repérer, tu as vidé ta valise, tu maîtrises tout ce qui concerne les clés et les interrupteurs, tu peux donc les rassurer : TOUT VA BIEN !!!

Ils ont probablement prévu une formule te

permettant d'appeler de l'étranger avec ton portable. Si ce n'est pas le cas, demande poliment à tes hôtes :

¿Puedo utilizar el teléfono?
Puis-je utiliser votre téléphone ?

Pas question d'en abuser et d'appeler tous tes copains pour leur dire à eux aussi que TOUT VA BIEN !!!

Rappelle-toi : pour téléphoner à l'étranger, il faut composer d'abord le code international 00 puis le code du pays (33 pour la France) et enfin le numéro, sans le premier zéro.

Tu peux aussi communiquer avec tes parents en utilisant des programmes comme Skype :

¿Puedo ponerme en Skype?
Puis-je aller sur Skype ?

Faut-il encore que tes hôtes aient un ordinateur !

¿Cómo se enciende/se apaga el ordenador?
Comment allume-t-on/éteint-on l'ordinateur ?

QUIZ Un petit quiz pour terminer !

Comment dirais-tu en espagnol « Quelle est ma serviette ? »

....

Lequel de ces vêtements va mettre un garçon ?

- ❍ **una falda**
- ❍ **unos calzoncillos**
- ❍ **un vestido**
- ❍ **unas bragas**

Question subsidiaire ! Que peut bien vouloir dire l'expression : Hogar, dulce hogar ?

- ❍ **Ma maison, c'est ta maison.**
- ❍ **N'est-elle pas belle, ma maison ?**
- ❍ **Home, sweet home.**

4

¡Qué hambre!

tengo el gusanillo...

Mine de rien, entre le voyage, ton arrivée, ton installation, cela fait un moment que tu n'as rien mangé... et tu as l'estomac dans les talons. Prévoyants, tes hôtes ont préparé un petit en-cas que tu vas pouvoir dévorer en continuant la visite. Mais d'où vient cette délicieuse odeur ?

La cocina

Humm ! Qu'est-ce qui peut bien mijoter qui sent si bon ? Et surtout, à quelle heure va-t-on manger, tu as tellement faim !!! Est-ce bientôt l'heure d'un vrai repas ou vas-tu seulement pouvoir grignoter (picar) ? Le réfrigérateur (la nevera) te nargue, tu l'imagines rempli de délicieuses choses et tu dois te retenir lorsque tes hôtes te disent :

Haz como si estuvieras en tu casa.
Fais comme chez toi.

Coge lo que quieras de la nevera.
Prends ce que tu veux dans le frigo.

Haz como si estuvieras en tu casa

Pense à autre chose et retiens plutôt quelques mots qui te seront utiles pendant ton séjour.

Pour réchauffer petits plats ou pizzas :

el microondas	le micro-ondes
el horno	le four

Pour préparer ton petit déj :

la cafetera	la cafetière
la pava	la bouilloire
la tostadora	le grille-pain

¿Quieres comer algo?

Si tu rentres tard un soir et que tu as un petit creux, tu pourras toujours te faire frire un œuf ou te préparer des pâtes :

la cocina	la cuisinière
la placa	la table de cuisson
la sartén	la poêle
el cazo	la casserole

Ouf ! Te voilà rassuré(e), tu ne mourras pas de faim ! Tiens ! le congélateur ! (el congelador), il doit y avoir des GLACES !!! Ton ventre gargouille de plus belle !!! Sans vouloir te décourager... tu n'es peut-être pas près de manger...

¿A qué hora se come?

¿A qué hora se come?

Devinette : quel est le pays sans décalage horaire avec la France mais avec des horaires décalés (c'est le moins que l'on puisse dire !) ? Bravo, c'est bien l'Espagne !

Certes, tu n'es pas obligé(e) de calculer le moment où tu peux téléphoner à tes parents. Mais ton estomac, lui, va devoir s'habituer aux horaires très « décalés » des repas et, les premiers jours, au moment de dîner (vers minuit, c'est l'été !), tu hésiteras entre manger (tu as faim) et dormir (tu tombes de sommeil). Oublie la routine ! Voilà ce qui t'attend...

Le petit déjeuner (el desayuno) se prend entre 8 h et 11 h (ce repas te réserve quelques surprises... patience !).

Le déjeuner (la comida ou el almuerzo) a lieu entre 14 h et 16 h. C'est le repas principal de la journée.

Un petit goûter (la merienda aussi appelé el tentempié) dans l'après-midi permet de tenir jusqu'au dîner qui a lieu... tard, très tard !

Les petits pièges à éviter

La comida : ce mot désigne aussi bien la nourriture que le repas, ou encore le déjeuner.

L'expression qui sauve

¡Que aproveche! ou ¡Buen provecho! C'est la formule consacrée pour souhaiter « Bon appétit ! » aux autres convives avant que le repas ne commence.

¿Quieres comer algo?

Le dîner (la cena), donc, jamais avant 21 h, voire plus tard, beaucoup plus tard... Ne sois pas surpris(e) de voir les Espagnols se mettre à table à minuit l'été et les week-ends !

Rassure-toi, tu vas très vite t'habituer. Tu vas même y prendre goût.

Gustos y sabores

Les Espagnols sont fiers de leur gastronomie. Ils voudront certainement te faire découvrir des plats typiques de leur région et te demanderont :

¿Qué quieres comer?
Que veux-tu manger ?

¿Qué te gusta?
Qu'est-ce que tu aimes ?

¿Te gusta el marisco?
Aimes-tu les fruits de mer ?

À toi donc de dresser la liste de ce que tu aimes et de ce que tu n'aimes pas. Pas question d'être trop difficile, n'oublie pas que tu es bien élevé(e) et que tes parents t'ont toujours répété : « Tu dois manger de tout ! »

Bien sûr, tu es ravi(e) et impatient(e) de goûter à toutes ces choses nouvelles, aussi appétissantes que bizarres, mais un régime particulier, une allergie, une incompatibilité t'obligent peut-être à devoir refuser certains plats. Dès ton arrivée, préviens la maîtresse de maison :

Le petit point de grammaire : le verbe gustar

Si tu aimes une chose, tu diras me gusta..., plusieurs choses, me gustan...

Me gusta probar todo.	J'aime goûter à tout.
Me gustan mucho las patatas fritas.	J'aime beaucoup les frites.

Si, au contraire, tu n'aimes pas une chose, tu diras no me gusta..., plusieurs choses, no me gustan...

No me gusta el ajo.	Je n'aime pas l'ail.
No me gustan los caracoles.	Je n'aime pas les escargots.

Soy alérgico(-a) a los frutos secos.
Je suis allergique aux fruits secs.

Soy intolerante al glúten.
Je suis intolérant(e) au gluten.

No puedo comer productos lácteos.
Je ne peux pas prendre de produits laitiers.

No como carne de cerdo.
Je ne mange pas de porc.

Soy vegetariano(-a).
Je suis végétarien(ne).

¡Colabora!

Tu n'es pas du genre à rester planté(e) là, les bras croisés, à regarder sans rien faire les autres s'activer ! Ce n'est sûrement pas ça qu'on t'a appris à la maison ! Tu souhaites PARTICIPER !

¿Puedo ayudarte/ayudaros a preparar la comida?
Puis-je t'aider/vous aider à préparer le repas ?

Et même s'ils t'ont répondu :

No, gracias, no hace falta.
Non, merci, ce n'est pas nécessaire.

Tu tiens à te rendre utile et tu insistes :

¿Pongo la mesa?
Je mets la table ?

Bon, la table (la mesa) est là, on te montre du doigt le tiroir (el cajón) où sont rangés les couverts (los cubiertos) et le placard (el armario) où tu trouveras la vaisselle :

Petite révision :

los tenedores	les fourchettes
los cuchillos	les couteaux
las cucharas	les cuillères
los platos	les assiettes
los vasos	les verres

¿Quieres comer algo?

Mais avant tout, commence par mettre la nappe (el mantel) ou les sets de table (los manteles individuales)...

Les petits pièges à éviter

Rico(-a), et sa forme superlative riquísimo(-a), veut normalement dire « riche » ; mais, en parlant des aliments, il veut dire « délicieux » ; et n'a donc aucun rapport avec le nombre de calories...

La primera comida

Enfin à table ! Tu pensais que ce moment n'arriverait jamais...

Tu as repris de tout trois fois, tu peux féliciter le cuisinier ou la cuisinière :

¡Qué rico está!
C'est délicieux !

¿Puedo servirme un poco más?
Puis-je en avoir encore un peu ?

Bon, plutôt sympa ce premier repas en famille ! Non seulement c'était délicieux mais tu comptes bien améliorer tes talents en cuisine :

¡Me tienes que dar la receta de este plato para hacerlo cuando vuelva a casa!
Tu dois me donner la recette de ce plat pour que je puisse le faire à mon retour chez moi !

Le repas est terminé, tu peux à peine te lever de table tellement tu as mangé ! Mais encore un petit effort, tu dois aider à débarrasser la table (quitar la mesa) :

¿Dónde pongo esto, en el fregadero o en el lavavajillas?
Où est-ce que je mets ça, dans l'évier ou dans le lave-vaisselle ?

¿Dónde está el cubo de la basura?
Où se trouve la poubelle ?

¿Dónde tiro esto?
Où est-ce que je jette ça ?

Pas question de vider les assiettes ou de jeter les pots de yaourt dans la première poubelle venue. Il faut TRIER !!! Et en Espagne, le tri des déchets relève parfois du parcours du combattant !

¡Hay que separar la basura!

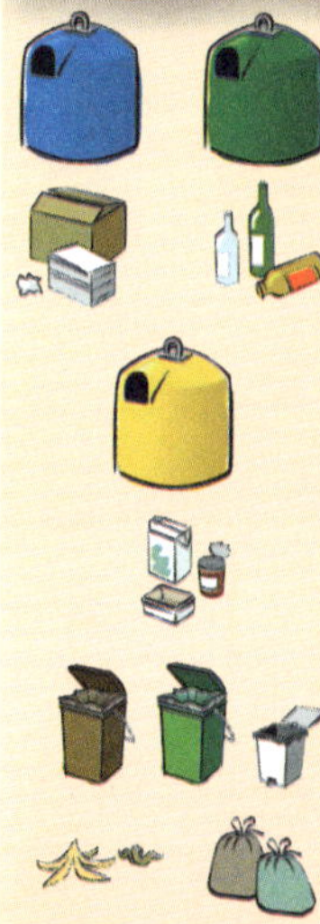

Tu découvriras bientôt qu'il faut un bac +5 pour maîtriser l'usage de la poubelle ! À la maison, tu trouveras autant de récipients que tu verras de containers dans la rue : marron (marrón) pour les déchets organiques (restes de nourriture), bleu (azul) pour le papier et le carton, vert (verde) pour le verre, jaune (amarillo) pour les emballages légers en plastique et en métal (boîtes de conserve, canettes, Tetra Brik®), et enfin gris (gris) pour tout ce qui n'entre pas dans les précédentes catégories et n'est donc pas recyclable ! Ne te décourage pas, prends-le comme un jeu et imagine que tu joues à Tetris !

Tu rêves maintenant d'aller te coucher, mais tes hôtes te montrent le salon : une grande soirée t'attend... Mais, avant que la fiesta ne commence...

QUIZ Un petit quiz pour terminer !

Comment dirais-tu en espagnol « J'ai faim. » ?

....

Laquelle de ces phrases est la correcte ?

- ❍ **Me gusto las hamburguesas.**
- ❍ **Me gusta las hamburguesas.**
- ❍ **Me gustan las hamburguesas.**

Question subsidiaire ! Sais-tu comment on dit « avoir les crocs », c'est-à-dire « avoir faim » (tener hambre), de façon familière ?

- ❍ **tener el gusanillo**
- ❍ **tener el estómago revuelto**
- ❍ **llenarse la barriga**

5

¡Qué sueño!

Vous sortez de table, il est près de minuit… Tu es repu(e) et tu te sens de plus en plus mou (molle) ! Tes hôtes, au contraire, semblent avoir plus d'énergie que jamais. Nous devons aborder ici un point fondamental de la culture espagnole : quand le Français se couche, l'Espagnol commence à « vivre » et à faire la fête. Toi, tu rêves de dormir, eux de sortir ! Et pourtant, c'est une soirée tranquille à la maison qu'ils te proposent… tu dois vraiment avoir une tête épouvantable !

El salón

Vous voici tous au salon. Un fauteuil te tend les bras. Les napperons en dentelle, on les enlève ou on peut s'asseoir dessus ? En Espagne, tu trouveras le plus souvent une salle à manger (un comedor) et un séjour (un salón ou una sala de estar). Parfois, une pièce fait office des deux (un salón comedor). Regarde maintenant autour de toi…

un sofá	un canapé
un sillón/una butaca	un fauteuil
una mesita	une table basse
un aparador	un buffet
un televisor	un téléviseur
una lámpara	une lampe

Reste bien droit dans ton siège… pas question de piquer du nez… ils veulent bavarder !

¡Qué curioso!

Cette première soirée va être l'occasion de mieux vous connaître. Tu aimerais bien savoir ce qui t'attend pendant ton séjour, ce qu'ils ont prévu pour toi. Cela peut aussi être le moment de leur parler de tes goûts, de tes envies. Pose des questions ! La curiosité n'est jamais un vilain défaut quand il s'agit de mieux connaître un pays, une culture. Et puis, cela va te tenir éveillé(e) !

¿Qué vamos a hacer estos días?
Qu'allons-nous faire ces jours-ci ?

¿Vamos a ir a la playa?
Allons-nous aller à la plage ?

¿Qué hay qué visitar?
Qu'est-ce qu'il y a à visiter ?

Vamos a visitar el museo.
Nous allons visiter le musée.

¿Qué es típico de aquí?
Qu'est-ce qu'il y a de typique, ici ?

¿Hay alguna fiesta tradicional?
Y a-t-il une fête traditionnelle ?

Tu peux aussi évoquer les deux piliers de la culture espagnole :

¿Vamos a ver una corrida?
Nous allons voir une corrida ?

Le petit point de grammaire : le futur proche (ir a + infinitif = « aller + infinitif »)

Tu connais certainement la construction qui permet d'exprimer un événement sur le point de se produire, une chose que l'on va immédiatement faire, un projet, des prévisions. N'oublie pas le a entre le verbe ir (« aller ») et l'infinitif :

Voy a salir. Je vais sortir.

¿La Torre de Babel?

En Espagne, il existe plusieurs langues régionales officielles. En Galice, le galicien (el gallego) ; au Pays basque et en Navarre, le basque (el vasco ou el euskera) ; en Catalogne, au Pays valencien et aux îles Baléares, le catalan (el catalán). Pour cette raison, on donne le nom de « castillan » (el castellano) à la langue officielle de l'ensemble du territoire, plutôt que celui d'« espagnol » (el español).

¿Bailáis flamenco?
Vous dansez le flamenco ?

Cela peut aussi être le moment de demander si, à la fin de ton séjour, c'est « el español » ou « el castellano » que tu parleras couramment ou bien une autre langue :

Me han dicho que no todos los españoles hablan español.
On m'a dit que certains Espagnols ne parlaient pas l'espagnol.
¿Es cierto?
C'est vrai ?

¡Veamos la tele!

C'est toujours intéressant de regarder la télévision à l'étranger. On apprend beaucoup de choses sur le pays : ce qui divertit, intéresse ou fait rire ses habitants. Bien que l'on retrouve parfois les mêmes publicités, les mêmes jeux, c'est forcément différent. Allez, tu as le droit de la regarder pour une fois !

¿Qué te gusta mirar en la tele?
Qu'aimes-tu regarder à la télévision ?
¿Cuál es tu programa favorito?
Quel est ton émission de télévision préférée ?
Me gusta ver...
J'aime regarder...

las películas	les films
las noticias	les informations
las series	les séries
los anuncios	les publicités
los documentales	les documentaires
los concursos	les jeux télévisés
la telerrealidad	les émissions de télé-réalité

Les chaînes de TV et de radio

En Espagne, l'offre est très importante, la quantité n'étant pas nécessairement un gage de qualité. Les Espagnols se plaignent de la prolifération de la telebasura, la télé-poubelle ; néanmoins, ce type d'émissions reste très populaire. Outre les émissions sportives et les films, les programmes les plus regardés sont las telenovelas et los culebrones (interminables feuilletons aux rebondissements multiples et aux accents mélodramatiques), las tertulias (talk-shows au niveau médiocre), la telerrealidad (émissions de téléréalité), ainsi que les programmes consacrés à la vie des célébrités et vedettes d'un jour.

On trouve évidemment des chaînes nationales, mais les communautés autonomes ont aussi leurs propres chaînes. Elles émettent souvent dans les langues régionales et sont très regardées.

¡Veamos una película!

On te demandera peut-être quel genre de films tu aimes :

¿Qué tipo de películas te gustan?
Quel genre de films aimes-tu ?

Me gusta(n)... / No me gusta(n)...
J'aime.../ Je n'aime pas...

No soporto...
Je ne supporte pas...

las comedias	les comédies
los thrillers	les thrillers
las películas de acción	les films d'action
las películas de miedo	les films d'horreur
los dibujos animados	les dessins animés

las comedias románticas	les comédies romantiques
las películas de dibujos animados	les films d'animation
los dramas	les drames
los dramas históricos	les drames historiques
las películas en 3D	les films en 3D
la ciencia ficción	la science-fiction
las películas policíacas	les films policiers

¿Qué te gusta?

Te sens-tu capable, d'ores et déjà, de tenir une conversation sur tes goûts en matière de cinéma ? Pourquoi pas. Tu connais certainement déjà des expressions espagnoles pour décrire ce que tu aimes. En voici quelques-unes pour t'aider à commencer la discussion :

¿Os gustan las películas de acción?
Aimez-vous les films d'action ?

¿De qué trata?
De quoi est-ce que ça parle ?

Trata de...
Il s'agit de...

Transcurre en...
Ça se passe à / en...

He olvidado el título.
J'ai oublié le titre.

Vous pouvez évoquer ensemble des films que vous avez vus à la télé ou loués en DVD :

¿Os ha gustado el último Almodóvar?
Avez-vous aimé le dernier Almodóvar ?

¿Habéis visto la película "Bang bang"?
Avez-vous vu le film « Bang bang » ?

La he encontrado aburrida/demasiado larga.
Je l'ai trouvé ennuyeux / trop long.

L'expression qui sauve

La plupart des émissions sont sous-titrées pour les malentendants. Quand tu regardes la télévision ou un DVD avec ta famille d'accueil, demande-leur de mettre les sous-titres (pas en français, évidemment !!!), cela t'aidera à comprendre les dialogues : ¿Puedes poner los subtítulos?

¡De cine!

Le nom de Pedro Almodóvar, dont les films foisonnent de couleurs et de sentiments exacerbés, te dit certainement quelque chose. Mais le cinéma espagnol ne se réduit pas à ça, loin de là ! Il présente un éventail allant de la comédie la plus déjantée jusqu'au thriller en passant par le film d'horreur. Côté acteurs, les noms d'Antonio Banderas ou de Javier Bardem ne te sont probablement pas étrangers. Côté actrices, les plus connues chez nous sont Penelope Cruz, Victoria Abril et Carmen Maura.

Curieusement, si tu veux en savoir un peu plus sur la culture espagnole et sur ce qui t'attend pendant ton séjour, c'est un film français qu'on te conseille : « L'auberge espagnole », un film de 2002 de Cédric Klapisch. Le film raconte l'histoire de Xavier, un jeune homme de vingt-cinq ans, qui part à Barcelone pour terminer ses études en économie et apprendre l'espagnol. Il trouve un appartement qu'il doit partager avec sept autres personnes, chacun de ses colocataires étant originaire d'un pays différent. Dans ce film, tu vas retrouver le sentiment de dépaysement, de choc culturel et linguistique auquel tu risques d'être, toi aussi, confronté(e), mais tu verras comment on peut facilement s'intégrer à cette nouvelle culture et à ce nouveau mode de vie.

No me gusta este actor.
Je n'aime pas cet acteur.

Es mi actriz favorita.
C'est mon actrice préférée.

Comme en France, il n'y a parfois (souvent ?) rien à la télé. Dans ce cas, pourquoi ne pas faire un jeu ? Tu peux toujours proposer l'idée :

¿Y si jugamos a algo?
Et si on jouait à quelque chose ?

¿Qué juegos tenéis?
Quels jeux avez-vous ?

Conozcámonos mejor

No conozco las reglas.
Je ne connais pas les règles.

¿Me enseñáis cómo jugar?
Vous pouvez m'apprendre à y jouer ?

¡Juguemos al Monopoly®!
Jouons au Monopoly® !

¿Y si jugamos con la Wii®?
Et si on jouait à la Wii® ?

Et voici quelques idées...

jugar a las cartas	jouer aux cartes
jugar al ajedrez	jouer aux échecs
jugar al dominó	jouer aux dominos

Et voilà : tu as dévalisé tes hôtes en raflant Paseo del Prado et Gran Vía, les rues les plus chères du Monopoly® espagnol. Pas mal pour une première soirée.

Ils te proposent une partie de Scrabble® ? Ils veulent se venger ! Refuse poliment, tu n'as pas assez de vocabulaire encore, attends la fin de ton séjour. De toute façon, tu n'as plus qu'une seule idée en tête : DOOOOOOOOOOOORMIR !

La journée a été longue ! Dis-leur que tu n'en peux plus, qu'il est très tard pour toi et que tes yeux se ferment tout seuls.

¡Qué tarde es!
Qu'il est tard !

Me voy a dormir.
Je vais dormir.

Mais ne renonce pas pour autant à tes petites habitudes :

Antes de acostarme suelo tomar un vaso de leche.
Avant de me coucher je prends normalement un verre de lait.

Étonnés par ton manque de résistance (il n'est que 2 h du matin...), ils vont te laisser regagner ta chambre :

De paseo

En Espagne, surtout quand il fait beau, la promenade du soir est une véritable institution. Dès que le jour commence à tomber, on se pomponne, on s'endimanche et on sort se promener. Les terrasses et les bars sont remplis. Dans les villages et dans les quartiers populaires, il est fréquent de voir des voisins apporter leur chaise et s'asseoir en cercle dans la rue. Ils vont discuter « à la fraîche » toute la soirée, parler de tout et de rien et même... refaire le monde !

¡Que duermas bien!
Repose-toi bien !

¡Felices sueños!
Fais de beaux rêves !

¡Buenas noches!
Bonne nuit !

Une nuit… ou ce qu'il en reste ! Tu sais que si on ne te réveille pas, tu peux dormir deux jours d'affilée. Pas question de louper le petit déj !

¿A qué hora desayunáis?
À quelle heure prenez-vous le petit déjeuner ?

¿Me podéis despertar para el desayuno?
Pouvez-vous me réveiller pour le petit déjeuner ?

Ces derniers efforts t'ont définitivement épuisé(e), tu vas dormir comme une souche (dormir como un tronco)… Et…

Mañana será otro día…
Demain est un autre jour…

Mais avant de sombrer, tu as bien encore une minute pour faire…

Les petits pièges à éviter

Jugar veut dire « jouer ». Mais, lorsqu'il s'agit de « jouer » d'un instrument, on dit tocar.
Lorsque l'on parle d'un rôle, au cinéma ou au théâtre, on dit actuar, ou encore interpretar.

QUIZ Un petit quiz pour terminer !

Comment dis-tu en espagnol que tu as sommeil ?

- ❍ **Tengo hambre.**
- ❍ **Tengo sed.**
- ❍ **Tengo sueño.**

Lequel de ces mots ne désigne pas un fauteuil :

- ❍ **una silla**
- ❍ **un sillón**
- ❍ **una butaca**

6

¡Levántate, vamos!

Mon Dieu, où suis-je ? C'est quoi ce crucifix accroché au mur ? Et toutes ces couleurs flashy ? Suis-je dans un film d'Almodóvar ? Ah, mais non... ça te revient maintenant. Tu es en Espagne ! Et tu viens de te réveiller dans une chambre au décor « typically Spanish ».

La tête embrumée et les yeux pas encore tout à fait en face des trous, tu réussis à t'extraire des draps, tu as faim... c'est l'heure du petit déjeuner (el desayuno) ; tu te diriges à tâtons vers l'odeur de café...

Duro despertar...

À travers une légère brume, tu entends des voix te demander :

¿Qué tal?
Ça va ?

¿Qué tal esta mañana?
Comment ça va ce matin ?

¿Has dormido bien?
Tu as bien dormi ?

Ne t'affole surtout pas ! C'est juste les membres de ta famille d'accueil qui veulent savoir si tu as passé une bonne nuit. Allez ! Secoue-toi et réponds :

Me ha costado un poco levantarme.
J'ai eu un peu de mal à me réveiller.

Estoy todavía un poquito cansado(-a).
Je suis encore un peu fatigué(e).

Tu peux bien sûr donner plus de détails :

He dormido muy bien.
J'ai très bien dormi.

No he dormido bien.
Je n'ai pas bien dormi.

He dormido como un tronco.
J'ai dormi comme une souche.

Me costó un poco dormirme.
J'ai eu un peu de mal à m'endormir.

¡Empieza el día con energía!

On le sait tous, le petit déjeuner est capital pour bien démarrer la journée puisqu'il permet de reconstituer ses réserves en énergie. Mais... qu'est-ce que tu prends le matin ?

Tu raffoles d'œufs au plat (los huevos fritos), accompagnés de bacon (el beicon) bien croustillant et de grands verres de jus d'oranges pressées (el zumo de naranja natural) bien frais ? Tu crois sentir une odeur de pain grillé, et tu t'imagines déjà en train de prendre délicatement une tranche (una tostada) sur laquelle tu étales du beurre (la mantequilla) onctueux et de la confiture (la mermelada)... Tu te vois remplir ton bol de céréales (los cereales) pour y verser ensuite du lait (la leche)... Tu te lèches les babines à l'idée de goûter aux viennoiseries (las pastas) espagnoles...

Eh bien, OUBLIE !

Les petits pièges à éviter

La mermelada

Tu sais certainement que la différence à l'origine entre « marmelade » et « confiture » est que la première comporte des morceaux de fruits et que l'autre non... Les Espagnols, eux, ne s'encombrent pas de ces nuances et appellent tout la mermelada mais aussi la confitura sans faire vraiment de distinction...

Le petit point de grammaire : la place de l'adverbe

Tu te souviens probablement qu'en espagnol, lorsque tu emploies un adverbe pour qualifier un verbe au passé composé, il se place après le verbe, parfois avant, mais jamais entre le verbe auxiliaire et le participe passé.

He dormido mucho.
J'ai beaucoup dormi.
No he desayunado aún. ou Aún no he desayunado.
Je n'ai pas encore pris le petit déjeuner.

Spécial gourmands !

En Espagne, on fait la différence entre el chocolate a la taza (beaucoup plus épais que chez nous) et la leche con chocolate quand il s'agit d'un verre de lait avec une ou deux cuillères de cacao en poudre. Plus traditionnellement, avec el chocolate a la taza, on mangeait des churros, sortes de beignets striés et allongés que l'on trempe dans le chocolat chaud bien épais, mais ce petit déjeuner est maintenant plutôt réservé aux dimanches matin ou aux lendemains de fête.

¿En qué consiste el desayuno español?

Rares sont les Espagnols qui prennent un petit déjeuner digne de ce nom avant de se rendre au travail ou à l'école. Pour se réveiller, il leur suffit d'avaler un simple café au lait (un café con leche) – si ce n'est un café noir (un café solo) – et, BASTA !

Probablement pas suffisant pour toi... Mais tes hôtes ne sont certainement pas des tortionnaires et, comme ils sont aux petits soins pour toi, il y a des chances qu'ils te demandent :

¿Qué tomas para desayunar?
Que prends-tu au petit déjeuner ?

¿Qué quieres beber?
Que veux-tu boire ?

¿Prefieres café, té o chocolate?
Préfères-tu du café, du thé ou du chocolat ?

Avant qu'ils ne changent d'avis, dépêche-toi de répondre :

Desayuno pan tostado con mantequilla.
Au petit déjeuner, je prends du pain grillé et du beurre.

Prefiero café/té.
Je préfère du café/du thé.

¿Hay pan integral/margarina?
Y a-t-il du pain complet/de la margarine ?

Voici quelques mots qui pourraient aussi t'être utiles :

el pan	le pain
una rebanada de pan	une tranche de pain
un bollo	un pain au lait
las galletas	les biscuits, les gâteaux secs
un yogur	un yaourt

una pieza de fruta — un fruit
el azúcar, la azúcar — le sucre

¿Has comido lo suficiente?

Besoin de quelque chose ? Il ne faut pas hésiter :

Dame la mantequilla, por favor.
Peux-tu me passer le beurre ?

Ton assiette est désormais vide mais tu dois avoir une tête à avoir encore faim, puisqu'on te demande :

¿Has comido bastante?
Tu as assez mangé ?
¿Quieres otra tostada?
Tu veux une autre tranche de pain grillé ?
¿Quieres más café?
Tu veux encore du café ?

Voici quelques idées pour répondre :

He comido bastante, gracias.
J'ai assez mangé, merci.
No quiero más pan, gracias.
Je ne veux plus de pain, merci.
No, gracias, pero estaba muy bueno.
Non, merci, mais c'était très bon.
¿Me das un poco más de queso?
Je reprendrais bien un peu de fromage.

Ouf ! Tu ne vas pas attaquer ta journée le ventre vide !

Mais les Espagnols ? Ils tiennent jusqu'à midi avec juste un café ? Eh bien, non !

Aux environs de 11 heures, allez hop, tout le monde attaque un copieux... petit déjeuner ! Souviens-toi que le prochain repas n'aura pas lieu avant, au plus tôt, 14 heures...

¡Un poco de educación!

Les Espagnols ont tendance à être beaucoup plus directs que nous. On te recommanderait d'ailleurs presque de limiter volontairement ta tendance à la politesse, qui pourrait être jugée par un Espagnol comme excessive, voire dérangeante. Toutefois, cela ne veut pas dire que tu dois supprimer les *gracias* et les *por favor* de ton vocabulaire ! Mais, par exemple, le conditionnel français, ou les formes trop alambiquées sont à bannir. On ne dit pas : *¿Podrías servirme un café, por favor?* (Je pourrais avoir un café, s'il te plaît ?), mais plutôt : *¿Me pones un café, por favor?* (Tu me mets un café, s'il te plaît ?).

Son las once de la mañana...

Málaga

Vers 11 heures, donc, les Espagnols vont dans un bar (un bar) ou dans une cafétéria (una cafetería) proche de leur lieu de travail et là, debout au comptoir (en la barra), ils se lâchent : ils mangent des sandwichs (los bocadillos) chauds ou froids au jambon blanc (el jamón de York) ou au serrano (le jambon de montagne), au fromage (el queso), à la tortilla, au chorizo, ou bien ils ingurgitent juste du pain grillé arrosé d'un filet d'huile d'olive (el aceite de oliva)... Tu auras compris qu'en Espagne tu as intérêt à être plus salé que sucré !

Le tout est accompagné de café noir ou de café au lait, ou d'une petite bière (una cerveza) pour ceux qui n'ont peur de rien.

L'expression qui sauve

Ce matin, tu as du mal à émerger et tu viens de renverser ton café. Il y en a partout... Ne stresse pas, ça arrive à tout le monde... On appelle patoso(-a) quelqu'un de maladroit. Quoi qu'il en soit, s'il n'y a qu'une seule phrase à retenir pour s'excuser, c'est : Lo siento mucho. (Je suis vraiment désolé(e).)

El día empieza de veras

La journée va commencer... un membre de ta famille d'accueil ne manquera pas de s'intéresser à ton programme :

¿Qué vas a hacer hoy?
Que vas-tu faire aujourd'hui ?

¿A qué hora piensas volver?
À quelle heure penses-tu rentrer ?

Fais un effort, concentre-toi, rassemble quelques-uns des mots que tu as retenus, et réponds tout de go :

Hoy vamos a visitar...
Aujourd'hui, nous allons visiter...

Volveré a eso de las cinco.
Je serai de retour vers 5 h.

Pour plus d'infos, rendez-vous au chapitre suivant... et n'oublie pas...

QUIZ Un petit quiz pour terminer !

Le petit déjeuner est terminé et tu aides ton hôte à débarrasser la table. Range ces aliments soit dans le frigo soit dans le placard !

- ❍ **el azúcar**
- ❍ **la mantequilla**
- ❍ **la leche**
- ❍ **el yogur**
- ❍ **las galletas**
- ❍ **el zumo de naranja**

Cherche l'intrus. Dans cette liste de mots, deux ne se mangent pas :

- ❍ **la pasta**
- ❍ **la barra**
- ❍ **los huevos**
- ❍ **el tronco**
- ❍ **el bocadillo**
- ❍ **el queso**

Question subsidiaire ! En espagnol, les coqs ne crient pas « cocorico », ils disent :

- ❍ **quicou quicou**
- ❍ **quiquiriquí**
- ❍ **glugú gluglú**

7

¡Que tengas un buen día!

Il y a de l'agitation dans la maison. Ta famille se prépare à aller au travail ou à l'école, et tu ne vas sûrement pas y couper non plus. Aujourd'hui, au programme... école ! Tous tes copains en France sont en vacances, et toi, tu vas à l'école... Super, vraiment super ! Non seulement tu dois parler espagnol toute la journée, mais en plus tu dois aller t'enfermer à l'école... Où est-elle ? Comment y aller ? Aucune idée ! Merci papa, merci maman de t'envoyer en classe, à l'autre bout du monde, pendant TES vacances ! Allez ! Arrête de râler ! Tu vas très bien t'en sortir !

¿Qué hora es?

24 horas al día

Les Espagnols utilisent rarement le système horaire sur 24 heures (sauf pour les horaires de trains, d'avions, etc.), ils préfèrent celui de 12 heures. En cas d'ambiguïté ou, pour être plus précis, ajoute de la mañana (du matin), de la tarde (du soir), ou de la noche (de la nuit). Llegamos a las siete (de la tarde). Nous arrivons à 19 heures.

¿Qué hora es?

Tu regardes ta montre, et la charmante maîtresse de maison voit là une excellente occasion de te donner un petit cours d'espagnol. Ce n'est peut-être pas le meilleur moment... tu es un peu à la bourre... mais tu ne veux pas la contrarier non plus.

Tu écoutes attentivement ses explications qui te rappellent vaguement quelque chose...

Quand on dit l'heure, la conjugaison de ser et le choix de l'article dépendent de l'heure : pour 1 h, on utilise le singulier : es et la ; pour toutes les autres heures, on utilise le pluriel : son et las.

Facile !

Es la una.
Il est une heure.

Son las cinco.
Il est cinq heures.

Cómo ir a la academia de idiomas

Tu te souviens alors qu'on ne met pas le mot horas.

Si tu veux dire que c'est l'heure « pile », ajoute en punto :

Tienes que estar en casa a las ocho en punto.
Tu dois être à la maison à 8 heures pile.

Pour les minutes après une heure, utilise y :

Es la una y diez.
Il est une heure dix.

Pour les minutes avant une heure, utilise menos :

Son las tres menos cinco.
Il est trois heures moins cinq.

Pour le quart d'heure, utilise cuarto :

Son las siete y cuarto.
Il est sept heures et quart.
Son las ocho menos cuarto.
Il est huit heures moins le quart.

Attention, tu dois dire menos cuarto (et non menos el cuarto).

Pour la demi-heure, utilise media :

Son las nueve y media.
Il est neuf heures et demie.

Eh bien, cette petite révision n'était pas du luxe ! Mais pendant ce temps l'heure tourne...

¡Qué tarde es!
Qu'il est tard !

L'expression qui sauve

Un poids lourd s'est renversé sur la route et tu as été obligé de faire un long détour ? Tu as gentiment aidé une vieille dame à traverser et ça t'a un peu retardé(e) ? Mieux vaut s'excuser dans ce cas :

Siento llegar tarde.
Désolé(e) pour mon retard.

Pamplona

¿Qué tiempo hace hoy?

Elle est cool, la dame, et en plus méga zen. Elle n'a pas encore fini son explication sur l'heure qu'elle s'intéresse à la météo... Nous ne sommes pourtant pas des inconnus dans un ascenseur pour qu'elle me parle du temps qu'il fait ! Je ne

comprends pas trop, elle a certainement une idée derrière la tête...

Elle te parle donc du beau temps (el buen tiempo) :

Hace (muy) buen tiempo.
Il fait (très) beau.

Hace sol / Hay sol.
Il y a du soleil.

Hace calor.
Il fait chaud.

¡Qué bochorno!
Quelle chaleur étouffante !

Las temperaturas van a subir.
Les températures vont monter.

Ou bien, si la météo n'est pas folichonne, du mauvais temps (el mal tiempo) :

Hace (muy) mal tiempo.
Il fait (très) mauvais.

Llueve.
Il pleut.

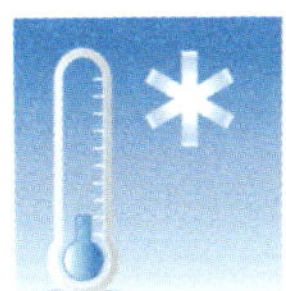

Llueve a cántaros.
Il pleut à verse.

Sopla el viento.
Le vent souffle.

¡Hace un tiempo de perros!
Il fait un temps pourri !

Ton séjour ne se déroule pas nécessairement en été :

Hace frío.
Il fait froid.

Nieva.
Il neige.

Bon, tout ça c'est bien beau, mais tu es encore en pyjama. Il est grand temps d'aller t'habiller...

¡Vamos, ve a vestirte!
Allez, va t'habiller !

Tu peux remercier ta mère d'avoir tout prévu !

Tu te diriges vers ton placard et tu prends ce qui te tombe sous la main... Il faut faire vite, et ce n'est pas bien grave si les couleurs (los colores) ne sont pas assorties !

Bon, tu es enfin habillé(e) ! On dirait que tu sors directement d'un film d'Almodóvar, avec toutes ces couleurs ! Peu importe, maintenant la priorité est de te rendre à l'école de langues...

A pie

Comme tu n'as pas la moindre idée de l'endroit où se trouve l'école, tu vas devoir demander :

¿Dónde está la academia de idiomas?
Où se trouve l'école de langues ?

Le premier réflexe des gens sera certainement de te prendre par la main et de t'accompagner jusqu'à la porte de l'école... Ils ne vont quand même pas faire ça et te flanquer la honte ! Il faut réfléchir vite, ta réputation à venir en dépend ! Tu retiens ton souffle et la réponse tombe comme un couperet :

Queda (muy) cerca.
C'est (tout) près d'ici.

Bon, apparemment c'est dans le coin... Vite, il faut les prendre par surprise, ne pas donner de répit à l'adversaire :

¿Cómo se va?
Comment fait-on pour s'y rendre ?

¿Cuánto tiempo se tarda en ir?
Combien de temps faut-il pour y aller ?

Après un moment d'hésitation (c'est bien, tu les as pris au dépourvu), ils commencent leurs explications, à grand renfort de gestes :

¡Qué amable!

Tu découvriras qu'en Espagne, aussi bien dans les petites villes que dans les grandes, les gens sont vraiment très sympas. Si tu leur demandes un renseignement ou si tu leur dis que tu es perdu(e), ils te conseillent, t'indiquent le chemin, voire te prennent par le bras et t'accompagnent un bon bout de chemin jusqu'à ce qu'ils soient certains que tu vas arriver à bon port. Ne sois donc pas excessivement méfiant(e), mais ne pêche non plus par trop de naïveté et ne te laisse pas embarquer dans un truc chelou !

Cómo ir a la academia de idiomas

Sigue (todo) recto hasta el semáforo.
Va tout droit jusqu'au feu rouge.

Continúa andando unos 300 metros.
Continue de marcher environ 300 mètres.

Coge la primera / segunda / tercera calle a la derecha.
Prends la première / deuxième / troisième rue à droite.

Gira / Tuerce a la izquierda en la calle Murillo.
Tourne à gauche dans la rue Murillo.

Cruza la calle / la plaza.
Traverse la rue / la place.

En el cruce, gira a la derecha.
Au carrefour, tourne à droite.

Pas sûr que tu aies tout compris... Ils continuent de te fournir des détails, et te donnent des repères pour t'aider à trouver l'endroit que tu cherches :

Le petit point de grammaire : l'impératif affirmatif

Pour donner des ordres ou des instructions, utilise l'impératif. Pour la forme correspondant au « tu », c'est très facile ! Prends le verbe conjugué à la troisième personne du singulier au présent, et voilà, le tour est joué !

Trabaja, come y duerme. Travaille, mange et dors.

Évidemment, il y a toujours quelques verbes irréguliers pour te faire des misères :

decir (dire)	→	di (dis)	salir (sortir)	→	sal (sors)
hacer (faire)	→	haz (fais)	ser (être)	→	sé (sois)
ir (aller)	→	ve (va)	tener (avoir)	→	ten (aies)
poner (mettre)	→	pon (mets)	venir (venir)	→	ven (viens).

Comme en français, le pronom se place derrière le verbe. La différence est qu'il se colle à ce dernier pour ne former qu'un seul mot.

Pon el libro aquí.
Mets le livre ici.

Ponlo aquí.
Mets-le ici.

En revanche, souviens-toi que pour interdire en employant l'impératif négatif, les formes sont un peu différentes. RV page 133.

Cómo ir a la academia de idiomas

Está aquí.
C'est ici.

Está ahí.
C'est là.

Está allí.
C'est là-bas.

La academia está en una esquina.
L'école est dans un angle de rue.

Está al lado de una farmacia.
C'est à côté d'une pharmacie.

Se encuentra en frente de un supermercado.
Elle se trouve en face d'un supermarché.

Se halla entre una panadería y un banco.
Elle se trouve entre une boulangerie et une banque.

Un peu compliqué tout ça... enfin bref, on verra... Voici quelques phrases pour demander ton chemin (pedir indicaciones), au cas où :

Creo que me he perdido.
Je crois que je me suis perdu(e).

Perdone. ¿Dónde está la estación?
Excusez-moi. Où est la gare ?

Estoy buscando una escuela de idiomas que hay por aquí cerca.
Je cherche une école de langues qui se trouve dans le coin.

Il y aura toujours une âme charitable pour te montrer le chemin et tu trouveras enfin la fameuse école.... Mais, t'as vu l'heure ! Grouille-toi ! Tu vas être en retard !

¡Cuidado!

En Espagne comme en France, les feux (el semáforo) sont de trois couleurs : rouge, orange et vert ; mais pour les Espagnols le feu du milieu est jaune (amarillo) ou ambre (ámbar). Méfie-toi ! Brûler les feux rouges (saltarse los semáforos en rojo) est en effet un des sports favoris des conducteurs... Mieux vaut utiliser les passages piétons (los pasos de cebra ou de peatones) pour traverser !

En bici

Tu te trouves peut-être dans une ville comme Barcelone ou Séville qui a mis en place un système de location de vélos en libre service. Dans ce cas, il peut être utile de savoir dire :

¿Cómo funciona el terminal de alquiler de bicicletas?
Comment fonctionne la borne de location de vélos ?

Barcelona

¿Durante cuánto tiempo puedo utilizar la bicicleta?
Pendant combien de temps puis-je utiliser le vélo ?

¿Dónde hay carriles bici?
Où y a-t-il des pistes cyclables ?

Tu peux désormais pédaler, en espérant que ce ne sera pas dans la semoule !

Madrid

En transporte colectivo

Manque de bol, tes hôtes t'ont répondu :

Queda (un poco) lejos.
C'est (un peu) loin.

Bon, comme un(e) grand(e), tu comptes prendre le taureau par les cornes, et utiliser les transports publics ! Faudra se débrouiller ! Bon, apparemment il faut prendre le bus (coger el autobús) numéro 16 et descendre à l'arrêt Flores. Voici quelques phrases pour pouvoir communiquer une fois dans la rue :

¿Dónde está la parada del dieciséis?
Où est l'arrêt du seize ?

Tu as trouvé l'arrêt de bus, il faut maintenant acheter ton billet :

¿Dónde se compran los billetes?
Où peut-on acheter les billets ?

¿Puedo comprar mi billete al conductor?
Peut-on acheter le ticket dans le bus ?

Una tarjeta multiviaje, por favor.
Un abonnement, s'il vous plaît.

¿A qué hora sale el próximo autobús para Flores?
À quelle heure est le prochain bus pour Flores ?

Le bus arrive mais est-ce le bon ? Va-t-il dans la bonne direction ? Demande aux gens qui attendent, cela t'évitera de refaire le chemin en sens inverse.

¿Es este el autobús que va a Flores?
C'est bien le bus qui va à Flores ?

Viaja más barato

Le multiviaje est un abonnement qui te permet de voyager dix fois au tarif minimum. Il permet aussi d'éviter les queues aux guichets. Normalement, avec un même ticket, tu peux prendre plusieurs correspondances (métro, bus, train express, etc.).

¿Me puedes avisar cuando lleguemos a Flores?
Peux-tu me prévenir quand nous arriverons à Flores ?

Apparemment, tu peux aussi rejoindre ton école par le métro. Les phrases qui suivent peuvent t'éviter quelques déconvenues et te faciliter la vie :

¿Hay que comprar el billete en una ventanilla o una máquina expendedora de billetes?
Le ticket, il faut l'acheter à un guichet ou à un distributeur automatique ?

Estoy buscando la línea ocho / amarilla.
Je cherche la ligne huit / jaune.

¿Tengo que hacer transbordo?
Est-ce qu'il y a une correspondance ?

Sevilla

Bon, avec tout ça, tu devrais arriver à bon port ! Avant de partir, la maîtresse de maison te demande :

Cuando llegues a la academia, manda un mensaje de texto.
Quand tu arriveras à l'école, envoie un texto.

Ça devrait la rassurer...

QUIZ Un petit quiz pour terminer !

Complète les phrases suivantes avec : sigue/coge/cruza

.... todo recto hasta el semáforo.

.... la gran avenida.

.... la tercera calle a la izquierda.

Pourquoi penses-tu qu'en espagnol on appelle un passage piétons un paso de cebra ?

- ❍ **Parce que les bandes blanches au sol rappellent les rayures du zèbre.**
- ❍ **Parce qu'autrefois les carrosses en Espagne étaient tirés par des zèbres.**
- ❍ **Cebra veut dire en espagnol « piéton ».**

8

En clase

Arrêt Flores… tu aperçois ton école… tu ne peux plus reculer… ! Allez, respire un grand coup, entre, arrête de penser que tu serais mieux à la plage et dis-toi que ça va être l'occasion de te faire des copains. Tu ne devais pas envoyer un texto à ta maman espagnole ?

Llegada al cole

Arrivée brutale en terre inconnue ! Tu ne connais ni les lieux, ni les horaires, tu ne sais pas où sont les salles de cours (las aulas), encore moins l'endroit où tu dois te présenter. Essaie de repérer quelqu'un qui a l'air un peu moins paumé que toi, et demande-lui :

¿Dónde está la secretaría?
Où se trouve le secrétariat ?

Les nouveaux élèves figurent sur une liste et la secrétaire va vérifier que tu es bien inscrit :

¿Cómo te llamas?
Comment tu t'appelles ?

Elle ne te trouve pas ? Génial ! Ils t'ont oublié(e) !! Tu vas pouvoir aller te balader. Ne rêve pas ! Ce n'est probablement qu'un problème de prononciation :

¿Lo puedes deletrear?
Peux-tu l'épeler ?

Eh oui, tu es bien inscrit… elle te tend un papier :

Rellena este formulario, por favor.
Remplis ce formulaire, s'il te plaît.

Ne prends pas cet air idiot ! Ce n'est pas un codex

Les petits pièges à éviter
Attention à la prononciation : si tu dis la secretaría, en accentuant le í, tu parles du secrétariat. Si tu accentues le premier a, tu désignes la secrétaire.

maya, c'est un banal questionnaire et tu devrais y arriver ! Évidemment, tu es venu sans stylo !

¿Tienes un bolígrafo?
Aurais-tu un stylo ?

Tu crois reconnaître quelques mots... pour les autres, on va t'aider :

nombre	prénom
apellido(s)	nom(s) de famille
sexo	sexe
fecha de nacimiento	date de naissance
edad	âge
número de pasaporte	numéro de passeport
país de procedencia	pays d'origine
nacionalidad	nationalité
lengua maternal	langue maternelle
dirección en españa	adresse en Espagne
teléfono	téléphone
persona a contactar	personne à contacter

Tu as rempli soigneusement le document de ta plus belle écriture. Tu vois, ce n'était pas si compliqué que ça ! Il faut aussi fournir une photo :

Necesito también una foto tamaño carné.
J'aurais aussi besoin d'une photo d'identité.

Heureusement, tu as scrupuleusement suivi les indications figurant dans la check-list du premier chapitre. Tu la sors fièrement de ta poche :

El nombre y el apellido

El nombre peut désigner le prénom ou le nom complet (prénom et nom de famille).

El apellido désigne le nom de famille. En Espagne, on en a toujours deux : celui du père suivi de celui de la mère.

Me acuerdo de tu nombre pero no de tu apellido.
Je me rappelle ton prénom mais pas ton nom.

Federico García Lorca es un poeta español.
Federico García Lorca est un poète espagnol.

Le petit point de vocabulaire : les lettres de l'alphabet

Un trou de mémoire concernant la prononciation des lettres de l'alphabet ? Voici un petit rappel :

a = a, b = be, c = ce, d = de, e = e (prononcer comme le « é » de « café »), f = efe, g = ge, h = hache, i = i, j = jota, k = ka, l = ele, m = eme, n = ene, o = o, p = pe, q = cu, r = erre, s = ese, t = te, u = u (prononcer [ou]), v = uve (prononcer [oube]), w = uve doble, x = equis, y = i griega, z = zeta.

Aquí está.
La voilà.

Bravo ! Tu as remporté cette étape haut la main ! Rends le stylo !

¿Nos tuteamos?
En Espagne, il est très fréquent que les élèves tutoient leur professeur et l'appellent par son prénom (tutear y llamar por el nombre), sans que cela implique une familiarité particulière avec lui. Dès la maternelle, le tutoiement est de mise !

¿Qué nivel de español tienes?

Non ! Garde le stylo, tu dois faire des tests. Tu t'en doutais un peu même si tu espérais y échapper :

Aquí tienes el test de nivel.
Voici le test de niveau.

Se trata de 50 preguntas de respuesta múltiple.
Il s'agit de 50 QCM.

Te puedes sentar en aquella mesa.
Tu peux t'asseoir à la table là-bas.

Ponte en aquel ordenador.
Mets-toi sur cet ordinateur-là.

Ten los cascos para la parte de comprensión auditiva.
Voici le casque pour la partie de compréhension audio.

Tienes media hora para hacerlo.
Tu as une demi-heure pour le faire.

Tu t'assieds docilement et tu commences à lire les questions. Voyons voir... « a », « b » ou « c » ? Allez, au pif !! Non, non, tu dois le faire sérieusement, sinon tu vas ramer pendant tout le stage...

Le temps est écoulé, les jeux sont faits !

Ya he terminado.
J'ai déjà fini.

¿Qué hago ahora?
Qu'est-ce que je fais maintenant ?

À l'occasion, tu apprends aussi que :

Hay una entrevista de 5 minutos con un profesor.
Il y a un entretien de 5 minutes avec un professeur.

Es para evaluar el nivel de expresión oral.
C'est pour évaluer le niveau à l'oral.

Ça se dit comment, en espagnol, « zéro pointé » ?

El reglamento interno

Il faut attendre pour avoir les résultats :

Vas a tener el resultado dentro de 20 minutos.
Tu vas avoir le résultat dans 20 minutes.

Pour te faire patienter, on te donne un peu de lecture : le règlement intérieur (el reglamento interno) ! Passionnant ! Même si l'ambiance a l'air d'être décontractée, il y a quand même quelques règles à respecter et il faudra t'y plier !

No se puede fumar en el recinto escolar.
On ne peut pas fumer dans l'enceinte de l'école.

Hay que apagar los móviles durante las clases.
Il faut éteindre les portables pendant les cours.

On appelle ton nom (oui, c'est toujours toi, même prononcé comme ça !). Les résultats :

Tu nivel es A1/B2.
Ton niveau est A1/B2.

Miguel va a ser tu profesor.
Miguel va être ton professeur.

La clase es en el aula 5.
Le cours est en salle 5.

Quels jours, quels horaires ?

Estos son los horarios.
Voici tes horaires.

Tienes curso de lunes a viernes, de nueve a cuatro.
Tu as cours du lundi au vendredi, de neuf heures à seize heures.

On va te donner quelques autres précisions utiles :

Hay una máquina de café al final del pasillo.
Il y a une machine à café au fond du couloir.

Les petits pièges à éviter

El cole – C'est l'abréviation du mot el colegio. En espagnol, les mots la escuela et el colegio désignent un établissement scolaire d'enseignement primaire, et ils sont interchangeables.

Primer día de cole

L'expression qui sauve

(Oye,) por favor : C'est ce que tu dois dire en levant le bras quand tu veux poser une question.

Hay una pausa de una a dos para comer.
Il y a une pause de treize heures à quatorze heures pour déjeuner.

Se puede utilizar el laboratorio de idiomas.
On peut utiliser le labo de langues.

Se puede tomar libros prestados de la biblioteca.
On peut emprunter des livres à la bibliothèque.

La enfermería está allí.
L'infirmerie se trouve là-bas.

Bon. Mine de rien, une bonne partie de la matinée s'est écoulée. Tu te diriges vers la salle 5 pour faire la connaissance du prof (pourvu qu'il soit cool !) et de tes nouveaux camarades.

Le petit point de grammaire : la possibilité, l'obligation et l'interdiction

- Pour indiquer ce que l'on peut faire, on emploie se puede (on peut), es posible (il est possible de) + infinitif :

  Es posible utilizar el microondas para calentar la comida.
  Il est possible d'utiliser le micro-ondes pour réchauffer le repas.

- Pour exprimer la nécessité et l'obligation, on peut utiliser :
  - des constructions personnelles : tener que (falloir, devoir), deber (devoir) + infinitif :

    Tienes que contestar a todas las preguntas.
    Tu dois répondre à toutes les questions.

  - des constructions impersonnelles : hay que (il faut), es necesario (il est nécessaire de), hace falta (il faut) + infinitif :

    Hay que escribir con buena letra.
    Il faut écrire avec une belle écriture.

- Pour interdire, il suffit de mettre no devant les formules précédentes :

  No hay que hablar en voz alta en la biblioteca.
  Il ne faut pas parler à voix haute dans la bibliothèque.

  Ou bien employer des expressions telles que está prohibido (il est interdit de) + infinitif :

  Está prohibido consumir drogas.
  Il est interdit de consommer des drogues.

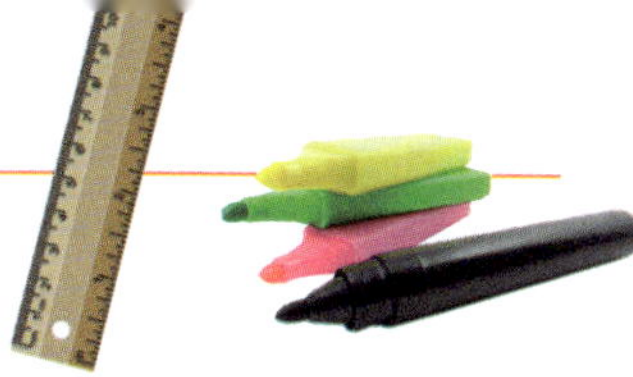

El aula

Tu vas directement t'asseoir au dernier rang. Tu es timide ? Tu regardes autour de toi… les affiches au mur sont plus gaies que celles de ton école, et pourtant, c'est bel et bien un cours qui va avoir lieu ici dans quelques instants. Tu sens revenir ta mauvaise humeur… alors là, STOP ! Dis-toi que tu as beaucoup de chance d'être là. Tu vas pouvoir apprendre une nouvelle langue, t'initier à une nouvelle culture, te faire des amis de tous bords, de toutes nationalités… pas mal, tout ça, non ? Tu réalises que c'est ça que l'on appelle « découvrir le monde », « s'ouvrir aux autres » et c'est un vrai privilège. Sur ton visage se dessine un sourire béat… tu as compris !

Les petits pièges à éviter

Il y a deux mots pour traduire « apprendre » : **aprender**, lorsqu'on acquiert une connaissance, et **enseñar**, lorsqu'on la transmet :

Aprendo español.
J'apprends l'espagnol.

¿Quién te ha enseñado a hacer esto?
Qui t'a appris à faire ça ?

Dans la classe, tu vois :

el pupitre	le pupitre
la pizarra	le tableau
el banco	le banc
la silla	la chaise

¿Qué hay en tu cartera?

Tu n'as rien oublié ? À part ton portable, qu'as-tu dans ton cartable ?

la cartera	le cartable
el libro de texto	le manuel scolaire
el cuaderno	le cahier
el estuche	la trousse
el lápiz	le crayon
la goma	la gomme
el bolígrafo	le stylo à bille
el rotulador	le feutre

Empieza la clase

Le cours (la clase) démarre. Miguel, le prof (el profe) entre et se présente. Il prend une feuille et commence à faire l'appel (pasar lista). Tu apprends qu'en Espagne, lorsqu'on dit ton nom, il faut dire :

¡Presente!
Présent(e) !

Les élèves (los alumnos) répondent les uns après les autres. Une fois l'appel fini, le prof dira, au cas où vous ne le sauriez pas...

Habéis venido aquí para aprender o mejorar vuestro español.
Vous êtes là pour apprendre ou améliorer votre espagnol.

Après avoir expliqué le programme (el programme), il enchaîne avec quelques règles de base :

No se puede hablar en clase.
On ne peut pas parler pendant le cours.

No hay que llegar tarde.
Il ne faut pas arriver en retard.

En caso de ausencia es preciso llevar un justificante.
En cas d'absence, on doit apporter un justificatif.

Tu n'avais pas prévu de faire l'école buissonnière (hacer novillos), mais au moins, là, tu es fixé(e) !

Les festivités commencent :

Sacad los libros.
Sortez vos livres.

Abrid el libro en la página doce.
Allez à la page douze.

Il est probable que tu auras du travail à faire à la maison (los deberes) :

Haced este ejercicio para mañana.
Faites cet exercice pour demain.

L'expression qui sauve

¡Perdón (ou ¡Perdona! ou ¡Disculpa!) sont des expressions qui servent à attirer l'attention de quelqu'un pour lui poser une question. Tu peux aussi les employer pour t'excuser. Il faut cependant savoir que les Espagnols ne les utilisent que rarement. Ne t'étonne donc pas si on te dit rien lorsqu'on te marche sur les pieds dans le métro ou lorsqu'on te bouscule dans la rue. Si tu veux passer, dis plutôt : ¡(Con) permiso!

No hay que llegar tarde.

Haced una redacción de veinte líneas describiendo vuestro país.
Faites une rédaction de vingt lignes sur votre pays.

Tenéis que estudiar los verbos irregulares.
Vous devez apprendre les verbes irréguliers.

Tu connais forcément la phrase magique prononcée plusieurs fois par jour, par tous les profs du monde, dans toutes les écoles du monde :

Debéis estudiar más.
Vous devez travailler davantage.

Tu es brusquement arraché à tes rêveries par un sonore :

¡Silencio!
Silence !

Tes camarades avaient commencé à papoter et tu te serais bien joint à eux, mais « el Miguel » ne voit pas du tout les choses comme ça ! Bon ! Tu vas gentiment suivre le cours, tu te feras des copains plus tard... ils pourront t'aider à faire...

Les petits pièges à éviter

« Travailler » à l'école se dit estudiar.

Trabajar ne s'emploie que pour désigner le travail à l'usine, au bureau, etc.

QUIZ Un petit quiz pour terminer !

Indique si les phrases suivantes te permettent de faire quelque chose (+) ou bien te l'interdisent (-) :

- ❍ **Se pueden utilizar los ordenadores.**
- ❍ **No hay que sentarse por el suelo en los pasillos.**
- ❍ **Está prohibido tirar papeles.**

Lorsque le professeur fait l'appel, que dois-tu répondre pour signaler que tu es là ?

❍ **¡Presente!** ❍ **¡Vale!** ❍ **¡Olé!**

Si tu étais espagnol, quel serait ton nom complet ?

....

9

¿Te mueres de hambre?

La sonnerie de la pause de midi retentit ! Enfin, façon de parler... car midi est passé depuis belle lurette ! Le déjeuner en Espagne ne se prend guère avant 14 h ou 14 h 30, et les horaires de l'école sont adaptés à ce rythme de vie. Mais ton pauvre estomac qui n'est pas encore à l'heure espagnole crie famine ! Où vas-tu pouvoir manger ?

El comedor escolar

L'école dispose certainement d'une cantine (un comedor escolar). Il te reste à la trouver ! Suis les hordes d'élèves affamés, tu finiras bien par tomber dessus. Après avoir fait la queue (tranquillement ! voir l'encadré), tu mets sur un plateau (una bandeja) des couverts (cubiertos) et un verre (un vaso). Tu prends toi-même l'entrée (el entrante ou el primer plato) et le dessert (el postre). C'est le cuisinier qui va te servir ton plat de résistance (el plato fuerte ou el segundo plato).

Tu as choisi ton plat ? Tu peux, sans un mot, le montrer du doigt, bien sûr, mais pense à tes pauvres parents qui se sont sacrifiés pour te payer ce voyage ! Allez ! Lance-toi et construis-nous de belles phrases :

Ponme de eso, por favor.
Un peu de ça, s'il te plaît.

¿Qué es eso?
Qu'est-ce que c'est ?

¿Es carne o pescado?
C'est de la viande ou du poisson ?

¡Qué cola!
(Quelle queue !)

Le cliché veut que les Espagnols soient désorganisés et chaotiques. Tu vas être surpris(e) de les voir faire tranquillement et patiemment la queue dans les magasins ou aux arrêts de bus.

Tu choisis de la viande et le cuisinier va certainement te demander comment tu l'aimes :

¿Cómo quieres la carne?
Quelle cuisson, la viande ?

poco hecho(-a)	saignant(e)
vuelta y vuelta	bleu(e)
al punto	à point
(muy) hecho(-a)	bien cuit(e)

Une fois le steak dans ton assiette, passons aux choses sérieuses :

¿Qué hay como guarnición?
Qu'est-ce qu'il y a comme garniture ?

¿Me puedes poner más patatas fritas?
Puis-je avoir plus de frites ?

¿No queda paella?
Il ne reste plus de paella ?

¿Me puedes poner lechuga en vez de arroz?
Puis-je avoir de la salade à la place du riz ?

Prefiero el muslo a la pechuga.
Je préfère la cuisse au blanc (du poulet).

Ton plateau commence à être bien rempli, que te manque-t-il ?

¿Dónde hay pan?
Où est le pain ?

¿Dónde está la sal?
Où se trouve le sel ?

la pimienta	le poivre
la mayonesa	la mayonnaise
el ketchup	le ketchup
la mostaza	la moutarde
las servilletas	les serviettes

Tu as tout. Il te reste à régler le montant de ton repas ; tu peux donner un ticket (el ticket), que tu auras acheté auparavant, ou de l'argent. À moins qu'il ne faille t'inscrire sur une liste pour payer plus tard.

Les petits pièges à éviter

Las patatas fritas – (que l'on n'abrège JAMAIS en las fritas) désignent aussi bien « les frites » que « les chips » (que l'on appelle parfois las patatas de bolsa).

¡Es hora de comer!

¿Cuánto es?
C'est combien ?

Tu n'as plus qu'à repérer quelques têtes sympas dont tu partageras la table. Et si, le temps de faire la queue à la caisse, ton plat a refroidi, tu peux toujours le réchauffer dans le four à micro-ondes :

¿Dónde está el microondas?
Où se trouve le micro-ondes ?

¿Cómo funciona?
Comment marche-t-il ?

Comida casera

Ta famille t'a préparé un repas à emporter. Vraiment sympa ! Comme il fait beau, tu comptes bien profiter de ce petit square près de l'école que tu as repéré. Mais avant d'aller t'installer au soleil, tu aimerais acheter une boisson :

¿Hay una máquina de refrescos?
Y a-t-il un distributeur de boissons ?

Tu fouilles tes poches. Zut ! Pas de monnaie. Il va falloir que quelqu'un te dépanne si tu ne veux pas mourir de soif :

¿Tienes suelto? Tengo un billete de 10 euros.
Tu as de la monnaie ? J'ai un billet de 10 euros.

Avec ta canette (la lata) bien fraîche, tu n'as plus qu'une hâte : manger le délicieux sandwich qu'on t'a préparé.

En la panadería

Tu as plutôt prévu d'acheter un sandwich (un bocadillo) chez le boulanger (en la panadería) du coin. Tu rentres et... c'est un peu la pagaille.

Les petits pièges à éviter

Les mots désignant des marques commerciales de boisson, sont souvent féminins en espagnol : una coca cola, una pepsi, una fanta.

¡Al agua!
(À l'eau !)

Tu auras du mal à te faire offrir un verre d'eau (et oublie la carafe, la jarra de agua) pour accompagner ton repas ! En Espagne, on ne sert que de l'eau en bouteille : minérale (mineral), plate (sin gas) ou gazeuse (con gas).

Les petits pièges à éviter

Una granja : ce mot qui désigne normalement « une ferme » désigne aussi une sorte de café-salon de thé.

Tu demandes :

¿Quién es el ultimo?
Qui est le dernier ?

Soy yo.
C'est moi.

Heureusement, ça avance vite.
Tu arrives devant le comptoir :

¿A quién le toca?
C'est à qui le tour ?

¿Ya te atienden?
On s'occupe de toi ?

¿Qué te pongo? / ¿Qué va a ser?
Qu'est-ce que tu veux ?

Le choix est large, tu demandes :

¿De qué son los bocadillos?
Qu'est-ce que vous avez comme sandwichs ?

¿Qué incluye la fórmula de seis euros?
Qu'est-ce qu'il y a dans la formule à six euros ?

Il faut se décider. Tu commandes :

Quiero un bocadillo de jamón/queso/pollo/atún.
Je voudrais un sandwich au jambon/fromage/poulet/thon.

Voy a tomar la fórmula de seis euros.
Je vais prendre la formule à six euros.

¿La bebida está incluida en la formula?
La boisson est incluse dans la formule ?

¿Esta pasta entra en la formula?
Cette viennoiserie fait partie de la formule ?

Como bebida, una lata de soda.
Comme boisson, une canette de soda.

Una botella de agua, por favor.
Une bouteille d'eau, s'il te plaît.

Tu n'as plus qu'à payer... tu ne t'en es pas si mal sorti(e) ! C'est drôle comme on se débrouille bien quand on a faim !

Les petits pièges à éviter

El bocadillo (qu'on appelle aussi familièrement **el bocata**) désigne un sandwich fait avec de la baguette. Lorsqu'il est au pain de mie, on l'appelle **el sándwich**. En Espagne, on emploie peu le beurre pour tartiner et on met plus volontiers un filet d'huile d'olive et du sel. Dans certaines régions, comme la Catalogne, on frotte le pain avec de la tomate et parfois aussi avec de l'ail !

Plaza Mayor
Madrid

En el bar

Tu as envie de sortir de l'école pour déjeuner ? La petite terrasse là-bas fera parfaitement l'affaire :

¿Me puedo poner en la terraza?
Est-ce que je peux m'installer en terrasse ?

¿Está libre este asiento?
Cette place est-elle libre ?

No, lo siento, está ocupado.
Non, désolé(e), elle est occupée.

Estoy esperando a alguien.
J'attends quelqu'un.

Une fois installé(e), tu appelles le serveur :

¡Camarero(-a), por favor!
Garçon/Mademoiselle, s'il vous plaît !

¿Tienes un menú en francés?
Puis-je avoir une carte en français ?

Il (ou elle) va te donner une carte et te demander :

¿Que vas a tomar?
Que vas-tu prendre ?

Tu prends ton temps pour l'étudier avant de répondre :

Todavía no he elegido.
Je n'ai pas encore choisi.

Quiero paella.
Je veux de la paella.

Voy a tomar un menu de diez euros.
Je vais prendre un menu à dix euros.

¿Cuál es el plato del día?
Quel est le plat du jour ?

¿Qué es una "fideuà"?
C'est quoi une « fideuà » ?

¿El postre está incluido en el menú?
Le dessert est compris dans le menu ?

¡Una buena combinación!

On appelle un plato combinado un plat complet, composé de viande ou de poisson, souvent cuits « à la plancha », accompagné de salade, de frites, de petites fritures (beignets de morue, de calamars, croquettes, etc.), d'un œuf frit ou de saucisses. Heureusement, il y a presque toujours des photos qui te permettront d'en connaître la composition ! On le commande en donnant le numéro du plat, comme dans les restaurants chinois !

Tu n'as pas soif ?

¿Qué quieres para beber?
Qu'est-ce que tu veux boire ?

Para beber tomaré una limonada.
Comme boisson, je prendrai une citronnade.

¿Me puedes traer un vaso de agua?
Es-ce que je pourrais avoir un verre d'eau ?

Au cours du repas, tu auras peut-être besoin de demander :

¿Me traes más pan?
Est-ce que je peux avoir plus de pain ?

¿Dónde esta el salero?
Est-ce que je peux avoir la salière ?

¿Dónde están las aceiteras?
Est-ce que je peux avoir l'huile et le vinaigre ?

Bon, le repas fini, il va falloir payer. Voici quelques phrases utiles :

¡La cuenta, por favor!
L'addition, s'il te plaît !

Cada uno paga lo suyo.
On va payer séparément.

Creo que hay un error en la cuenta, no he tomado café.
Je crois qu'il y a une erreur dans l'addition, je n'ai pas pris de café.

Tu t'es débrouillé(e) comme un chef ! (merci qui ? merci le petit guide de survie !)

En la hamburguesería

Tu as décidé de bouder les spécialités locales et de faire confiance à une chaîne bien connue de fast-food ? Pourquoi pas... Tu connais les questions rituelles de ce haut lieu de la gastronomie... ?

¿Es para llevar?
C'est à emporter ?

¡Una de tapas!

En Espagne, il est fréquent que les bars proposent des tapas. Ce sont des sortes d'amuse-gueule qui se dégustent en apéritif mais qui peuvent constituer un vrai repas. Elles sont servies froides ou chaudes et peuvent être soit de simples olives, un morceau de tortilla, quelques dés de jambon cru, soit des petites portions de plats très élaborés. Si tu ne comprends rien à la carte, approche-toi des vitrines où elles sont exposées et montre ce que tu veux au serveur !

¡Quédate con la vuelta!
(Garde la monnaie !)
En Espagne, tu n'es pas obligé(e) de laisser un pourboire (una propina). Toutefois, si tu es content(e) du service, tu peux laisser un peu de petite monnaie ou bien arrondir le montant de l'addition.

¡Es hora de comer!

¿Es para comer aquí?
C'est pour manger ici ?

Una coca light sin hielo.
Un coca light sans glaçons.

¿Dónde están las pajas?
Où se trouvent les pailles ?

¿Dónde están las servilletas?
Où se trouvent les serviettes ?

Il va falloir trouver une place maintenant, et c'est pas gagné !

¿Un bajón después de comer?

Tu avais vraiment faim ! La dernière bouchée avalée, bizarre… tu te sens tout(e) mou (molle) et tes paupières pèsent des tonnes. C'était bien de la limonade dans la canette ?! Allez ! Installe-toi confortablement sur le banc et dors un peu. En Espagne, la sieste, c'est sacré, et tu ne choqueras personne en dormant un petit quart d'heure.

¡Échate una siesta!

Alors, ça te dirait une bonne sieste réparatrice (una buena siesta reparadora) ? Mais, c'est quoi au juste, une sieste ? Pas question d'enfiler un pyjama et de se mettre au lit ! Elle consiste à

Le petit point de grammaire : la préposition para

N'oublie pas que para correspond généralement à « pour » et sert à exprimer une destination, un but.

Voy a la academia para aprender español.
Je vais à l'école pour apprendre l'espagnol.

s'asseoir dans une position confortable dans un fauteuil ou dans un canapé, pourquoi pas sur le lit, enlever ses chaussures, se mettre à l'aise et s'assoupir. La durée ? Pas plus de 20 minutes... Il n'y a pas que les enfants et les personnes âgées qui font la sieste ! En Espagne, à l'heure du déjeuner, quand il fait le plus chaud, les boutiques sont fermées (sauf dans les grandes villes). Les personnes qui ont la chance d'habiter près de leur lieu de travail peuvent rentrer déjeuner et, du coup, faire une petite sieste. Alors, vas-y... mais n'oublie pas : en te réveillant et avant de retourner à l'école, tu auras encore le temps de faire...

QUIZ Un petit quiz pour terminer !

Comment dirais-tu en espagnol

« Je voudrais de la salade à la place des frites » ?

....

Que dirais-tu pour attirer l'attention d'un serveur ?

- ❍ **¡Hola! ¿Qué tal? ¿Vale?**
- ❍ **¡Camarero(-a), por favor!**
- ❍ **¡Chico(-a)! ¡Es aquí!**

Un bocata est la façon familière de désigner ?

- ❍ **un hamburger**
- ❍ **un sandwich**
- ❍ **un coca**

10

Nuevos amigos

Le gars là-bas a une bonne bouille, et la nana qui t'a demandé des feuilles à l'air plutôt sympa. En revanche, le grand échalas au premier rang et la fille qui a tout le temps le bras en l'air pour répondre t'attirent moyen ! Enfin, par expérience, tu sais qu'il ne faut pas toujours se fier aux premières impressions, et que souvent les apparences sont trompeuses (las apariencias engañan). Qui te dit que dans une semaine toi et la « première de la classe » ne serez pas les meilleurs amis du monde ?

L'expression qui sauve

¿Qué tal? On utilise ¿Qué tal (estás)? pour demander à quelqu'un comment il va. Tu peux aussi employer cette expression pour demander comment les choses se sont passées ou pour demander un avis à quelqu'un : ¿Qué tal (fue) la fiesta? C'était comment la fête ? ¿Qué tal me queda esta gorra? Je suis comment avec cette casquette ?

Para romper el hielo

Tu as décidé de faire le premier pas et d'engager la conversation (entablar la conversación) :

¡Hola! ¿Qué tal?
Salut, ça va ?

Hace un día precioso, ¿no?
Il fait beau, hein ?

Ton accent est magnifique, même les Français vont te répondre en espagnol ! Tu peux donc continuer :

Me llamo Caroline.
Je m'appelle Caroline.

Pero todo el mundo me llama Caro.
Mais tout le monde m'appelle Caro.

Y tú, ¿cómo te llamas?
Et toi, comment tu t'appelles ?

Yo soy Cédric.
Moi, c'est Cédric.

¿Cuántos años tienes?
Tu as quel âge ?

Tengo catorce años. ¿Y tú?
J'ai quatorze ans. Et toi ?

Les présentations sont faites, mais leur accent ne t'a pas permis de savoir d'où ils venaient :

¿De dónde eres?
D'où es-tu ?

Soy de Francia.
Je viens de France.

¿Dónde vives?
Où habites-tu ?

Vivo en París.
J'habite Paris.

Soy francés(-esa). ¿Y tú?
Je suis français(e). Et toi ?

Las nacionalidades

Dans ton cours, il y a donc des francophones :

francés(-esa)	français(e)
belga	belge
suizo(-a)	suisse
canadiense	canadien(ne)
marroquí	marocain(e)

Le petit point de grammaire : le féminin des mots

Tu sais que, de façon générale, les mots finissant en -o forment leur féminin en -a :

brasileño ⇨ **brasileña** (brésilien, brésilienne)
egipcio ⇨ **egipcia** (égyptien, égyptienne)

Les mots finissant par d'autres voyelles sont en général invariables : **marroquí** marocain(e), **vietnamita** vietnamien(ne).

Pour les mots désignant une nationalité et finissant par une consonne, le féminin se forme en ajoutant un -a :

español ⇨ **española** (espagnol, espagnole)
inglés ⇨ **inglesa** (anglais, anglaise)

Conocer a gente nueva

Mais il y a aussi des élèves venant des quatre coins du monde :

inglés(-esa)	anglais(e)
alemán(-ana)	allemand(e)
italiano(-a)	italien(ne)
ruso(-a)	russe
estadounidense	américain(e) (des États-Unis)
australiano(-a)	australien(ne)
japonés(-esa)	japonais(e)
chino(-a)	chinois(e)

Llegué ayer.
Je suis arrivé(e) hier.

Estoy aquí desde el sábado pasado.
Je suis ici depuis samedi dernier.

Llevo aquí tres días.
Je suis ici depuis trois jours.

Voy a quedarme dos semanas/un mes.
Je vais rester deux semaines/un mois.

Vous continuez à papoter (charlar). Plutôt sympas, tes camarades (los compañeros de clase) ! Tu as bien fait d'aller discuter avec eux... Même « échalas » et « bras en l'air » ont finalement l'air assez cool... Affaire à suivre...

Pour faire plus ample connaissance, vous pouvez toujours parler de vos goûts (los gustos), de ce que vous aimez le plus (las preferencias). Voici quelques phrases qui peuvent t'aider :

¿Te gusta la comida española?
Est-ce que tu aimes la nourriture espagnole ?

¿Qué estilo de música prefieres?
Quel style de musique tu préfères ?

Si tu aimes, tu pourras répondre :

Me gusta el rap.
J'aime le rap.

Me encanta leer novelas policíacas.
J'adore lire des romans policiers.

Petite astuce
Quand tu es à l'étranger et que tu communiques ton numéro de portable, il faut donner le 00 puis l'indicatif de ton pays (33 pour la France), et enfin ton numéro sans le 0 du début :
00 33 6 12 34 56 78

Me gusta mucho salir con amigos.
J'aime beaucoup sortir avec des amis.

Soy fan de baloncesto.
Je suis fan de basket.

Me mola cantidad tu móvil.
Je surkiffe ton portable.

Au contraire, si tu n'aimes pas :

No me gustan los museos.
Je n'aime pas les musées.

No soporto el fútbol.
Je ne supporte pas le foot.

Aborrezco las películas de ciencia ficción.
J'ai horreur des films de science-fiction.

No trago a Justin Bieber.
Je ne peux pas blairer Justin Bieber.

¿Cuál es tu número de teléfono?

C'est une réalité maintenant, tu as des copains ! Si vous voulez organiser des trucs sympas après les cours, il va falloir échanger vos numéros de téléphone et vos adresses mail :

¿Me das tu número de móvil?
Tu me donnes ton numéro de portable ?

Aquí tienes mi número.
Tiens, voilà mon numéro.

Llámame, por favor.
Appelle-moi, s'il te plaît.

Envíame un mensaje de texto.
Envoie-moi un texto.

¿Cuál es tu dirección de correo electrónico?
Quelle est ton adresse mail ?

Mi dirección de correo electrónico es...
Mon adresse mail est...

¿Cuál es tu nombre de usuario de Skype?
Quel est ton nom d'utilisateur sur Skype ?

Note bien et ne perds pas le papier ! Une fois rentré(e) en France, tu auras peut-être envie de

Les petits pièges à éviter

Les Espagnols ont tendance à prononcer le « h » des mots anglais comme le « j » de la jota. Prépare-toi donc à entendre una jota bien marquée dans Yahoo [ya'Jo] ou Hotmail [Jot'méïl].

Puntualidad

Les Espagnols ont très mauvaise réputation en ce qui concerne la ponctualité. Les mauvaises langues disent qu'il s'agit d'un concept inconnu en Espagne. Si tu es invité(e) à manger chez quelqu'un, par exemple, ne t'avise surtout pas d'arriver à l'heure annoncée, car tes hôtes ne t'attendent certainement pas si tôt. Ce n'est pas rare qu'on te donne rendez-vous sobre las ocho, aux environs de huit heures, ou entre las ocho y las nueve, entre huit et neuf heures, ce qui laisse de la marge !

garder le contact, chater (charlar ou chatear), envoyer des photos :

¿Estás en Facebook?
Est-ce que tu es sur Facebook ?

Te añadiré como amigo(-a).
Je vais t'ajouter en tant qu'ami(e).

Te seguiré en Twitter.
Je vais te suivre sur Twitter.

Subiré las fotos a Facebook.
Je télécharcherai les photos sur Facebook.

Ton nombre d'amis va exploser et tu vas pouvoir frimer car en plus de tes amis français, il y aura des Canadiens, des Italiens, des Chinois...

Invitar y proponer actividades

Ils sont vraiment chouettes, tes nouveaux copains ! Ce serait cool de les voir en dehors des cours !

¿Qué haces mañana?
Qu'est-ce que tu fais demain ?

¿Haces algo el viernes por la noche?
As-tu quelque chose de prévu pour vendredi soir ?

¿Qué planes tienes para este fin de semana?
Qu'as-tu prévu pour ce week-end ?

¿Y si esta tarde vamos al cine?
Et si cet après-midi on allait au cinéma ?

Aceptar una invitación

Tu n'as encore jamais refusé d'aller faire la fête mais n'oublie pas d'en parler à ta famille avant d'accepter :

¡Vale!
OK !

Me encantaría.
Avec plaisir.

Sí. Gracias por la invitación.
Oui. Merci de ton invitation.

D'ailleurs, ta famille va certainement vouloir en savoir plus avant de te lâcher seul(e) dans la nature :

¿Cuándo es?
C'est quand ?

¿Dónde es?
C'est où ?

¿A qué hora empieza?
Ça commence à quelle heure ?

¿A qué hora termina?
Ça finit à quelle heure ?

Voici quelques phrases utiles qui te permettront d'attendre au bon endroit, au bon moment :

¿Cómo quedamos?
On fait comment ?

¿Dónde quedamos?
On se retrouve où ?

Quedamos a la salida de la academia.
On se retrouve à la sortie de l'école.

Podemos quedar a las ocho delante del cine.
Nous pouvons nous donner rendez-vous à vingt heures devant le cinéma.

Pasaré a recogerte a tu casa a las seis.
Je passerai te prendre à dix-huit heures chez toi.

Génial ! Tu as hâte d'y être ! Mais si tu as un meilleur plan ou si l'idée d'aller voir une exposition sur la fourmi rouge (Myrmica scabrinodis) dans son milieu naturel te laisse de marbre... Hakuna matata ! Tu déclines l'invitation (rechazar la invitación) :

Lo siento, pero no puedo.
Désolé(e), mais je ne peux pas.

Estoy ocupado(-a). / Ya he quedado.
Je suis déjà pris(e).

No me interesa.
Ça ne m'intéresse pas.

Estoy muy cansado(-a).
Je suis très fatigué(e).

Prefiero no salir esta noche.
Je préfère ne pas sortir ce soir.

Petite astuce

Dans les adresses mail, « arobase » se dit arroba, et « point » se dit punto.

Les petits pièges à éviter

Tu connais certainement le verbe quedar ou quedarse, qui veut dire « rester ». C'est aussi le verbe que tu dois employer pour parler d'un rendez-vous avec des amis. Comme tu peux le voir dans les phrases d'exemple, il peut se traduire de différentes façons.

Ligando un poco...

TE QUIERO ♡

Il y a du flirt dans l'air ! Allez ! Ne reste pas planté(e) là, la bouche ouverte, tu n'as pas la vie devant toi et il faut te décider vite à déclarer ta flamme :

¿Quieres venir a sentarte a nuestra mesa a comer con nosotros?
Tu veux venir t'asseoir à notre table et manger avec nous ?

¿Puedo acompañarte?
Je peux t'accompagner ?

Bien, las clases ¿no?
Sympas, les cours, non ?

Hacía tiempo que quería hablar contigo...
Cela faisait longtemps que je voulais te parler...

Nunca te había visto antes por aquí...
Je ne t'avais jamais vu(e) par ici auparavant...

¿Es la primera vez que vienes aquí?
C'est la première fois que tu viens ici ?

Ça a plutôt l'air de bien marcher, passe à la vitesse supérieure :

Voy a buscar algo para beber, ¿quieres que te traiga algo?
Je vais chercher à boire, tu veux que je t'apporte quelque chose ?

Te invito a un helado.
Je peux t'offrir une glace ?

Vamos a un sitio más tranquilo.
Allons dans un endroit plus tranquille.

Eres muy guapo(-a).
Tu es très mignon(ne).

Me gustas.
Tu me plais.

Tu peux ajouter, au moment de partir :

Voy en la misma dirección que tú.
Je vais dans la même direction que toi.

Si quieres te acompaño hasta tu casa.
Si tu veux, je t'accompagne jusqu'à chez toi.

En fonction de la réponse, tu seras vite fixé(e) : une belle histoire en train de naître ou… un beau râteau pour ta collection !

¡Hasta mañana!

Les meilleures choses ont une fin. Les cours sont finis. Il est temps de dire au revoir (despedirse) à tes nouveaux petits camarades.

Se hace tarde. Me tengo que ir.
Il commence à être tard. Il faut que j'y aille.

¡Adiós! / ¡Hasta la vista!
Au revoir !

¡Hasta luego!
À plus tard !

¡Hasta mañana!
À demain !

Nos llamamos…
On s'appelle…

Avant d'accepter tous tes nouveaux amis sur Facebook (et changer ton statut amoureux ?!), tu as juste le temps de faire…

QUIZ Un petit quiz pour terminer !

Quelle formule vas-tu employer pour refuser une invitation ?

- ❍ **¡Vale!**
- ❍ **Ya he quedado.**
- ❍ **¿Quedamos?**

Comment dirais-tu en espagnol « Qu'as-tu prévu pour ce soir ? »

……………………………………………………………………

Une de ces expressions ne sert pas à prendre congé. Laquelle ?

- ❍ **¡Hasta luego!**
- ❍ **¿Qué tal?**
- ❍ **¡Hasta la vista!**
- ❍ **¡Adiós!**

11

¡Visitando!

Tu es arrivé(e) depuis quelques jours et tu commences à t'adapter au rythme espagnol. Tu t'es fait de nouveaux copains et copines et, avec ta famille, tout se déroule comme sur des roulettes. Il est temps de découvrir l'endroit où tu passes ces quelques jours. Prêt(e) ?

Una salida cultural con la academia

L'école a prévu des heures de cours, mais aussi des sorties culturelles et quelques activités qui te permettront de profiter au maximum de ton séjour. Voilà l'occasion rêvée d'apprendre de nouvelles choses !

Renseigne-toi sur les détails pratiques :

¿A qué hora salimos?
À quelle heure partons-nous ?

¿A qué hora volvemos?
À quelle heure revenons-nous ?

¿A qué hora quedamos?
À quelle heure on se retrouve ?

¿Dónde quedamos?
Où se retrouve-t-on ?

¿Hay que prever algo para comer/para beber?
Faut-il prévoir quelque chose à manger/à boire ?

¿Hay que pagar algún suplemento para esta visita?
Faut-il payer un supplément pour cette visite ?

Les professeurs et les accompagnateurs vous donneront certainement plus d'informations :

Hemos quedado mañana a las once delante de la academia.
Nous devons nous retrouver demain à onze heures devant l'école.

Iremos en autocar/en metro.
Nous irons en car/en métro.

Traed algo de comer y de beber.
Apportez quelque chose à manger et à boire.

La visita está incluida en las actividades previstas.
La visite est incluse dans les activités prévues.

Hay que pagar un suplemento para realizar esta actividad.
Il faut payer un supplément pour effectuer cette activité.

Granada

Si la sortie se fait en car, il peut être utile de savoir :

¿Cuándo vamos a parar para ir a los servicios?
Quand est-ce qu'on s'arrêtera pour aller aux toilettes ?

¿Podremos sacar algunas fotos?
Est-ce qu'on pourra prendre des photos ?

¿Tendremos tiempo para comprar algunos recuerdos?
Est-ce qu'on aura le temps d'acheter des souvenirs ?

¿De qué siglo data?

Au cours de la visite, montre ton intérêt en posant au guide quelques questions :

¿Cuándo lo construyeron?
Quand est-ce que ça a été construit ?

¿De qué siglo data?
Ça date de quel siècle ?

¿Quién pintó este cuadro?
Qui a peint ce tableau ?

¿A qué estilo pertenece?
À quel style appartient-il ?

Pour ton plus grand bonheur, tu apprends que tu as trois heures de temps libre (tiempo libre).

El mal del siglo

En espagnol, pour numéroter les siècles (los siglos), il faut utiliser les chiffres cardinaux. On dira littéralement : le siècle dix-neuf (el siglo diecinueve), le siècle vingt (el siglo veinte), le siècle vingt et un (el siglo veintiuno).

¿Una visita turística?

Tenéis tres horas libres.
Vous avez trois heures de libre.

Quedamos aquí a las cinco en punto.
Nous allons nous retrouver ici à dix-sept heures précises.

Sed puntuales.
Soyez ponctuels.

No os alejéis demasiado.
Ne vous éloignez pas trop.

No perdáis de vista a vuestro compañero.
Ne perdez pas de vue votre binôme.

Si os perdéis, mi número de móvil es el...
Si vous vous perdez, mon numéro de portable est le...

No os alejéis demasiado...

Finalement tu es rentré(e) de cette petite sortie. À vrai dire, t'as surkiffé, et tu te dis qu'il y a du bon, après tout, dans le dicton espagnol que tu as entendu, Nunca te acostarás sin saber una cosa más, littéralement « Tu n'iras jamais te coucher sans avoir appris une nouvelle chose »...

Visitando por cuenta propia

Après les cours tu as du temps libre et, seul(e) ou avec un ou plusieurs camarades de cours, tu as décidé de faire quelques visites. Tu peux te renseigner sur Internet mais aussi t'adresser, dans ton plus bel espagnol, à un office du tourisme (la oficina de turismo) :

¿Dónde está la oficina de turismo?
Où se trouve l'office du tourisme ?

¿Cuáles son los principales sitios de interés?
Quels sont les principaux sites touristiques ?

¿Hay un itinerario turístico?
Existe-t-il un itinéraire touristique ?

¿Tienes un mapa de la ciudad?
As-tu un plan de la ville ?

Les petits pièges à éviter

El guía (et son féminin, la guía) est la personne qui vous accompagne lors d'une visite ; la guía est l'ouvrage où tu trouves les informations sur l'endroit que tu visites.

¿Una visita turística?

¿Me puedes aconsejar una guía práctica?
Tu peux me conseiller un guide pratique ?

¿Tienes información sobre...?
As-tu des renseignements sur... ?

Toute ta documentation (la documentación) sous le bras, le plus dur reste à faire : choisir un endroit parmi les dizaines proposées. Le programme s'annonce chargé !

Valencia

¡Ayuda!

En flânant dans les rues de ta ville, vous (toi et ton groupe) vous êtes un peu éloignés. Vous vous rappelez avoir traversé un parc et vous voici dans un quartier différent. Plus une seule petite boutique en vue... vous ne vous seriez pas un peu perdus ? Allez, montre à tes copains que tu sais te débrouiller dans les situations difficiles :

Perdona, nos hemos perdido.
Excuse-moi, nous sommes perdus.

¿Nos puedes ayudar?
Tu peux nous aider ?

Estamos buscando la Plaza de España.
On cherche la Plaza de España.

¿Nos puedes indicar en el mapa dónde nos encontramos?
Tu peux nous montrer où on est sur le plan ?

Estamos buscando la Plaza de España.

Il faut toujours avoir sur toi un numéro d'urgence (ta famille d'accueil, l'école de langues). Très utile aussi une carte de la ville, ainsi que l'adresse de ta famille. Si tu vois un agent de police (un policía), n'hésite surtout pas à lui demander de l'aide.

Inutile d'appeler en pleurs tes parents ; non seulement tu vas les affoler, mais ils ne te seront d'aucune utilité, sur leur plage, en Bretagne ou ailleurs...

Madrid

Madrid a tout d'une grande capitale européenne. Tumultueuse, dynamique, vibrante... elle grouille de vie et regorge de monuments, de beaux immeubles, mais aussi de parcs et de jardins.

La Gran Vía est la principale artère de la ville. Tu pourras visiter el Palacio Real (le Palais royal), vagabonder Puerta del Sol, ou Plaza Mayor (Grande Place), découvrir les quartiers populaires de Malasaña et Chueca, faire un détour par la Plaza de Toros ou le stade du Real Madrid.

el Palacio Real

la Plaza Mayor

El Prado

Tu pourras aussi te reposer dans la fraîcheur des jardins après avoir arpenté les innombrables musées dont El Prado... Tu n'auras pas un moment de répit !

Algunos monumentos

Rendez-vous avec les vieilles pierres ! Voici quelques mots pour t'y retrouver :

el castillo	le château
el palacio	le palais
la iglesia	l'église
la catedral	la cathédrale
el monasterio	le monastère
la mezquita	la mosquée
los jardines	les jardins
las ruinas	les ruines

Pense à toujours avoir un peu d'argent sur toi car l'entrée des monuments et des églises est souvent payante.

¿Hay que pagar?
Est-ce que c'est payant ?

¿Hacéis reducciones para estudiantes?
Y a-t-il des réductions pour les étudiants ?

¿Dónde se compran los billetes?
Où est la billetterie ?

Una entrada reducida, por favor.
Un billet tarif réduit, s'il te plaît.

Ton billet en main, tu n'as plus qu'à suivre la foule. Mais si tu veux vraiment tirer le meilleur parti de ta visite, rien ne vaut un guide :

¿Hay visitas guiadas en francés?
Y a-t-il des visites guidées en français ?

¿Cuándo es la siguiente visita guiada?
La prochaine visite guidée, c'est quand ?

¿Cuánto dura la visita?
Combien de temps dure la visite ?

Et si tu préfères visiter à ton rythme...

Quiero un audioguía en francés.
Je voudrais un audioguide en français.

¡Qué variedad!

Si tu es à Madrid, fonce visiter El Prado, le Reina Sofía et le Thyssen-Bornemisza ; ces musées forment ce que l'on appelle el Paseo del Arte (la promenade de l'Art).
À Tolède, ne loupe pas le musée consacré à El Greco.
C'est plutôt de l'art moderne que tu verras à Barcelone avec les musées Picasso et Miró. Pas loin, à Figueras, découvre les délires surréalistes de Dalí.
Au Pays basque, à Bilbao, ne rate surtout pas l'extraordinaire musée Guggenheim, consacré lui aussi à l'art moderne.

¡Al museo!

Aujourd'hui, c'est décidé, direction le musée ! Première étape, le guichet (la taquilla) :

¿A qué hora abre el museo?
À quelle heure ouvre le musée ?

¿A qué hora cierra el museo?
À quelle heure ferme le musée ?

¿Cuánto cuesta la entrada?
Combien coûte l'entrée ?

¿El billete de la exposición temporal permite ver la exposición permanente?
Est-ce que le billet de l'exposition temporaire permet de voir l'exposition permanente ?

¿Se pueden sacar fotos?
Est-ce qu'on peut prendre des photos ?

Le sac qui contient tes sandwichs, ta bouteille d'eau, ton pull te scie les épaules ? Ajoute ton appareil photo (les photos sont interdites), ton portable (il faut l'éteindre), tes clés (elles font sonner le portique) et mets tout ça à la consigne :

¿Dónde está la consigna?
Où est la consigne ?

Si c'est l'hiver et que tu étouffes dans ta doudoune, tu demanderas plutôt le vestiaire (el guardarropa).

Postés de-ci de-là, des surveillants (los vigilantes). Comme leur nom l'indique... ils surveillent ! Tu peux néanmoins te renseigner auprès d'eux :

¿Cuál es el sentido de la visita?
Quel est le sens de la visite ?

¿En qué sala están "Las Meninas"?
Dans quelle salle se trouvent « Las Meninas » ?

Estoy buscando la salida.
Je cherche la sortie.

Allez... bonne expo !

Horarios y precios

Les musées espagnols ferment assez tôt le dimanche et sont souvent fermés le lundi. Dans certains d'entre eux, l'entrée est gratuite le premier dimanche du mois, parfois un jour en semaine et souvent à partir de 18 ou 19 heures. Si tu as une carte d'étudiant, tu pourras certainement profiter de réductions. Les horaires d'ouverture varient en fonction de la saison (haute ou basse) et même d'un musée à l'autre. Beaucoup d'établissements font des nocturnes. Renseigne-toi auprès de l'office du tourisme ou sur Internet !

Barcelona

Barcelone est la capitale de la Catalogne, une région qui possède sa propre langue : le catalan. Située au bord de la Méditerranée, cette ville, cosmopolite, moderne et avant-gardiste est connue pour sa richesse architecturale, notamment la Sagrada Familia et el Parque Güell, conçus par l'emblématique architecte Antonio Gaudí.

el Parque Güell

la Sagrada Familia

la Casa Milà Paseo de Gracia

Berceau du F.C. Barcelona, elle est aussi réputée pour ses nombreux musées, ses concerts, ses plages, et sa douceur de vivre... Se balader le long de las Ramblas et du Paseo de Gracia, prendre un verre sur la plage de la Barceloneta dans un des nombreux chiringuitos (bouis-bouis de plage), aller manger des tapas dans les bars du Barrio Gótico (quartier Gothique)... Impossible de s'ennuyer !

la Rambla

el Alcázar

Sevilla

C'est certainement l'une des plus belles villes du monde (demande aux Sévillans !). Capitale de l'Andalousie, Séville regorge de monuments à visiter : el Alcázar et ses jardins (classé au patrimoine mondial de l'Unesco), la catedral (cathédrale), la Giralda, la Torre del Oro, la Plaza de España. Si tu souhaites trouver verdure et fraîcheur (la chaleur peut être accablante l'été), promène-toi dans el Parque María Luisa ou va faire un tour en bateau sur le fleuve Guadalquivir. Envie de danser ? Découvre l'ambiance flamenca de Triana ! Du centre historique au parc d'attractions de la Cartuja (ancien site de l'Exposition universelle de 1992), il y a tellement de choses à voir qu'un seul séjour ne suffira pas !

la Giralda

la Torre del Oro

Salamanca

Célèbre pour son activité estudiantine, Salamanque a une atmosphère unique. Son université est la plus vieille d'Espagne et accueille chaque année plusieurs milliers d'étudiants. Dans ses rues, tout évoque l'art, la littérature et la culture. La ville est cosmopolite et animée grâce à ses étudiants. Habillés de vêtements d'époque, ils chantent chaque soir à la terrasse des cafés sur la Plaza Mayor. Depuis 1988, la vieille ville de Salamanque, avec ses maisons seigneuriales, ses petits palais, ses manoirs, son université, sa cathédrale, etc., est inscrite sur la liste du patrimoine mondial de l'Unesco. Alléchant, n'est-ce pas ?

la Plaza Mayor

El arte

Voici quelques mots concernant l'art :

el cuadro	le tableau
la pintura	la peinture
el lienzo	la toile
la estatua	la statue
la escultura	la sculpture
la obra maestra	le chef-d'œuvre

Les petits pièges à éviter

Arte – Ce mot est masculin au singulier et féminin au pluriel : el arte abstracto (l'art abstrait) mais las bellas artes (les beaux-arts).

Da tu opinión

Tu es émerveillé(e) par ce que tu as vu. Les mots te manquent ? On va t'aider :

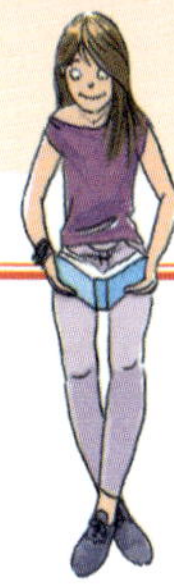

Le petit point de grammaire : la comparaison

Tu souhaites exprimer une comparaison ?

- Comparatif de supériorité : más … que
  Aquí hay más sol que en mi país.
  Ici, il y a plus de soleil que dans mon pays.
- Comparatif d'infériorité : menos … que
  La ciudad en que vivo tiene menos habitantes que esta.
  La ville où j'habite compte moins d'habitants que celle-ci.
- Comparatif d'égalité : tan + adjectif + como
  tanto(a) + nom + como
  verbe + tanto como
  Madrid me gusta tanto como Barcelona.
  J'aime autant Madrid que Barcelone.

Attention ! Certains comparatifs sont irréguliers :

bueno(a) bon(ne)	➪	**mejor** meilleur(e)	**grande** grand(e)	➪	**mayor** plus grand(e), âgé(e)
malo(a) mauvais(e)	➪	**peor** pire	**pequeño(a)** petit(e)	➪	**menor** plus petit(e)

¿Una visita turística?

¡Me ha(n) encantado!
J'ai adoré !

¡Menuda maravilla!
Quelle merveille !

¡Es una pasada!
C'est un truc de ouf !

Au contraire, tu as été déçu(e) :

No me ha(n) gustado demasiado.
Je n'ai pas trop aimé.

¡No me ha(n) gustado nada!
Je n'ai pas aimé du tout !

No presenta ningún interés.
Ça ne présente aucun intérêt.

No me va mucho el arte moderno.
Je ne suis pas fana d'art moderne.

Es demasiado turístico.
C'est trop touristique.

Quelques mots utiles pour décrire ce que tu as vu :

precioso(-a)	beau/belle
magnífico(-a)	magnifique
interesante	intéressant(e)
impresionante	époustouflant(e)
extraño(-a)	bizarre
feo(-a)	laid(e)
horrible	épouvantable

Tu en as assez d'être enfermé(e), tu as envie d'espace, de bruit, de foule ? En avant pour la balade !

QUIZ Un petit quiz pour terminer !

Dans quelle ville se trouve la Sagrada Familia ?

❍ **Madrid** ❍ **Barcelone** ❍ **Grenade**

Quel mot espagnol de 9 lettres désigne un appareil que l'on se colle à l'oreille lorsqu'on visite un musée et qui nous fournit des explications sur des œuvres précises signalées par un numéro ou un signe ?

_ _ _ _ _ _ _ _ _

12

¡Acción!

C'est un bon plan d'aller au musée quand la chaleur est accablante, il y fait frais... Tu as adoré El Prado, le Reina Sofía et le Thyssen-Bornemisza, mais tu frises carrément l'overdose et tu ne veux pas être enfermé(e), même au milieu de chefs-d'œuvre. Aujourd'hui, tu as envie de courir, sauter, nager, te dépenser...

¿Te gustaría hacer alguna actividad?
Est-ce que tu aimerais faire une quelconque activité ?

¿Practicas algún deporte?
Tu fais du sport ?

¡Vamos a hacer deporte!

Un des membres de ta famille (il a lu dans tes pensées ?) s'approche, avec un ballon (una pelota) ou une raquette (una raqueta) à la main. Il te demande :

¿Te gusta jugar al tenis?
Est-ce que tu aimes jouer au tennis ?

¿Te apetece jugar un partido de fútbol?
Ça te dit de faire un match de foot ?

¿Echamos una partida de ping-pong?
On se fait une partie de ping-pong ?

¿Vienes a correr conmigo?
Tu viens courir avec moi ?

Allez ! Saute dans ton short ! C'est parti !

Me encanta hacer deporte.
J'adore faire du sport.

Nadar es lo mío.
Mon truc, c'est de nager.

Les petits pièges à éviter

Hacer et practicar s'emploient sans article : Hago natación. Je fais de la natation.

Jugar s'emploie avec l'article :

Juego al voleibol. Je joue au volley-ball.

Ocio y deporte

Si on te demande :

¿Qué te gusta hacer durante el tiempo libre?
Qu'aimes-tu faire pendant ton temps libre ?

Tu pourras toujours piocher dans cette liste :

el baloncesto	le basket-ball
el fútbol	le football
el tenis	le tennis
el rugby	le rugby
el judo	le judo
el ciclismo	le cyclisme
la gimnasia	la gymnastique
el footing	le jogging

Tu as bien sûr le droit de ne pas aimer le sport :

Me gusta ver el rugby en la tele, pero no practicarlo.
J'aime regarder le rugby à la télé, mais pas y jouer.

No me va mucho el deporte.
Je ne suis pas très sportif.

¡Vamos a ver un partido!

L'Espagne a fourni et continue de fournir des champions dans tous les domaines, à l'instar du tennisman Rafael Nadal, ou du basketteur Pau Gasol. On te propose d'assister à un match, à un tournoi ou un autre événement sportif, tu ne vas quand même pas louper ça !

Tu veux savoir plein de choses :

¿Quién(es) juega(n)?
Qui joue ?

Avec des pincettes et du bout des lèvres, histoire de ne pas être à l'origine d'un incident diplomatique, tu continues à t'intéresser et à parler de tes préférences :

L'expression qui sauve

Me lo estoy pasando bomba ou Me lo estoy pasando en grande veut dire, de façon familière, que tu t'éclates grave.

El deporte rey

(Le sport roi)

Le football est, de loin, le sport le plus populaire en Espagne, les équipes les plus emblématiques étant el Real Madrid et el FC Barcelona (qu'on appelle aussi el Barça). Certains matchs déchaînent les passions !

¿De qué equipo eres hincha?
De quelle équipe es-tu supporteur(trice) ?

Soy hincha del Barça/del Real Madrid.
Je suis un fan du Barça/du Real Madrid.

Sache que si, par malheur, tu es supporteur (-trice) de l'équipe (el equipo) rivale honnie, ta cote chez tes hôtes peut descendre en flèche ! Donc, sujet à éviter !

Pendant le match, tu peux parsemer la conversation de commentaires du genre :

¿Quién va ganando?
Qui gagne ?

¡Qué partido tan bonito!
C'était vraiment un beau match !

¡Menuda jugada!
Quelle belle action !

¡Vamos a la playa!

L'Espagne possède plus de 8 000 kilomètres de côtes et tu as peut-être la chance, petit(e) veinard(e), d'être tombé(e) dans une famille qui vit au bord de la mer !

À toi les bonheurs de la plage (la playa) et du sable (la arena) chaud. Attrape ton maillot (el traje de baño), ta serviette de plage (una toalla de playa), une casquette avec visière (una gorra con visera), la crème solaire indice 20/30/50... (la crema solar de índice 20/30/50...), tes tongs (las chanclas) ou tes chaussures de plage en plastique (las zapatillas de goma), tes lunettes de soleil (las gafas de sol)... Tu n'as plus qu'à plonger.

Playa de las Catedrales

¿(El agua) cubre aquí?
Est-ce qu'on a pied, ici ?

¿A qué hora sube la marea?
C'est à quelle heure la marée haute ?

Ocio y deporte

¿A qué hora baja la marea?
C'est à quelle heure la marée basse ?

¿Hay medusas/erizos?
Y a-t-il des méduses/des oursins ?

¿Me puedes cuidar las cosas mientras voy a nadar?
Est-ce que tu peux surveiller mes affaires pendant que je vais nager ?

Tu l'as souvent entendu mais on va te le redire quand même : le soleil est dangereux, ne t'expose pas trop longtemps et mets de la crème. Les premiers jours, ton meilleur ami s'appelle « parasol » (el parasol), et tant pis si on te dit :

¡Estás blanco(a) como la leche!
Tu es blanc(he) comme un cachet d'aspirine !

Sur la plage, il y a souvent une petite buvette (un chiringuito) où tu pourras acheter quelque chose à boire ou à manger :

¿Dónde venden algo para beber/comer?
Où peut-on acheter quelque chose à boire/manger ?

L'expression qui sauve

Prohibido el baño écrit sur un panneau veut dire « baignade interdite ».

Et puisque tu es tranquillement installé(e) sous le parasol, pourquoi ne pas apprendre quelques mots utiles :

el flotador	la bouée
las gafas	le masque
el tubo	le tuba
las aletas	les palmes
el voleiplaya	le volley-ball de plage
el surf	le surf
el windsurf	la planche à voile
la vela	la voile
el esquí acuático	le ski nautique
el submarinismo	la plongée

Ta famille habite au milieu des terres ! Ne t'inquiète pas, il y aura certainement une piscine pour faire trempette !

¿Dónde está la piscina más cercana?
Où se trouve la piscine la plus proche ?

¿Cómo se va?
Comment on y va ?

¿Cuáles son los horarios de la piscina?
Quels sont les horaires de la piscine ?

Si tu ne nages pas bien, repère le maître-nageur sauveteur (el/la socorrista).

Tu attends quoi ? Allez, à l'eau !

¡Vamos de excursión!

Cool ! On te propose une randonnée (una excursión) ! Voyons si tu as tout ce qu'il faut : le sac à dos (la mochila), la gourde (la cantimplora), la gamelle (la fiambrera), les vêtements chauds (la ropa de abrigo). Attention, on ne part pas en tongs ! Aux pieds, des vraies chaussures de marche (las botas de montaña) ! C'est bon, tu peux y aller !

¿De cuántos kilómetros es el recorrido?
Le parcours fait combien de kilomètres ?

¿Cuánto dura la excursión?
Combien de temps dure la randonnée ?

¿La ruta es fácil o difícil?
Le parcours est facile ou difficile ?

¿Habrá altos en el camino?
On va faire des pauses en chemin ?

¿Está previsto hacer un picnic?
Un pique-nique est prévu ?

¡Más clases!

Tu as décidé de te perfectionner dans une activité en particulier, de te remettre à niveau ou de t'y mettre tout simplement.

C'est l'occasion rêvée ! Renseigne-toi :

¿Me puedo bañar?

Avant de te jeter à l'eau, regarde le drapeau (la bandera) : vert (verde) veut dire baignade surveillée sans dangers particuliers, jaune (amarilla) signifie baignade déconseillée à cause de la présence de méduses, pollution, etc., et rouge (roja) indique l'interdiction de se baigner.

¡Qué barato!

El día del espectador (« le jour du spectateur »), c'est le jour (en général lundi ou mercredi) où le billet (la entrada) est vendu beaucoup moins cher. Par ailleurs, de nombreuses municipalités organisent en été des projections de films en plein air (el cine al aire libre) et des festivals (un festival). C'est généralement gratuit (gratuito) !

¡Olé!

L'expression olé provient de l'arabe « wallah », qui vent dire « par Allah ! », « par Dieu ! », et sert à exprimer l'admiration et l'approbation, surtout lors d'une corrida.

¿Proponéis clases de tenis/de salsa?
Proposez-vous des cours de tennis/de salsa ?

¿Cuánto cuesta el cursillo?
Quel est le prix du stage ?

¿Qué precio tiene por hora/día/partida?
Quel est le tarif de l'heure/du jour/de la partie ?

¿Cuáles son los días y los horarios de las clases de buceo?
Quels sont les jours et les horaires des cours de plongée ?

C'est décidé, tu as vu ça avec ta famille d'accueil et tes parents, tu t'inscris !

Quiero apuntarme al cursillo de equitación.
Je voudrais m'inscrire au stage d'équitation.

Débutant(e) total(e) ou expert(e) confirmé(e), à toi de jouer :

Nunca he hecho.
Je n'en ai jamais fait.

Tengo nivel principiante/intermedio/avanzado.
Je suis d'un niveau débutant/intermédiaire/avancé.

Tengo bastante experiencia.
J'ai pas mal d'expérience.

Eh bien… y'a plus qu'à !!

Vamos a ver un espectáculo

Les coups de soleil attrapés sur la plage (on t'avait bien dit de rester sous le parasol !!) t'ont fait passer une nuit blanche mais t'interdisent également toute activité en plein air… Pourquoi ne pas aller voir un spectacle ?

¿Tienes un programa o una guía de espectáculos?
As-tu un programme ou un guide des spectacles ?

¿Qué espectáculos hay en estos momentos?
Qu'y a-t-il comme spectacle en ce moment ?

¿A qué hora es la sesión?
À quelle heure est la séance ?

¿Cuánto dura el concierto?
Combien de temps dure le concert ?

¿La película es en versión original y está subtitulada en español?
Le film est-il en VO et sous-titré en espagnol ?

Dans le noir, tes épaules brûlantes vont pouvoir refroidir…

Vamos a la plaza de toros

La tauromachie (la tauromaquia), bien que de plus en plus contestée, est un élément incontournable de la culture espagnole. La course de taureaux (la corrida) est souvent le point culminant de la fête. On l'appelle d'ailleurs la fiesta nacional (la fête nationale). Si tes hôtes te proposent d'en voir une et que l'expérience te tente, demande la permission à tes parents. Attention, âmes sensibles s'abstenir !

¿Qué hacen ahora?
Que font-ils maintenant ?

¿Qué significa este gesto?
Que signifie ce geste ?

¿Por qué hace esto?
Pourquoi fait-il ça ?

Una tradición española

Les corridas commencent traditionnellement à 17 heures. Rendez-vous aux arènes (la plaza de toros). Pendant une corrida, 3 toréadors (los toreros) vêtus de leur habit de lumière (el traje de luces) affrontent 6 taureaux (los toros). Le spectacle se termine par la mise à mort du taureau dans une estocade finale où le matador tue le taureau avec l'épée.

Le petit point de grammaire : la forme exclamative

Pour intensifier ce que tu veux dire et donner plus d'emphase à tes propos, emploie une des constructions qui utilisent la forme exclamative qué :

- ¡qué + adjectif!	**¡Qué bonito!**	Comme c'est joli !
- ¡qué + nom!	**¡Qué calor (que hace)!**	Comme il fait chaud !
- ¡qué + adverbe!	**¡Qué tarde es!**	Comme il est tard !

El flamenco est né dans le sud de l'Espagne, en Andalousie. Son origine demeure assez incertaine et il possède des racines très anciennes (indiennes, arabes, etc.). C'est un art populaire, depuis toujours associé aux gitans.

¿Por qué el público aplaude/abuchea?
Pourquoi le public applaudit/hue ?

Vamos a un tablao

Pour te faire découvrir une expérience 100 % typically spanish, tes hôtes, qui ont horreur du sang, ont préféré t'emmener à un tablao, sorte de cabaret où l'on peut voir notamment des spectacles de flamenco (el flamenco). Comme d'habitude, tu ne veux pas mourir idiot(e), tu poses donc des questions :

¿Quién es el hombre/la mujer que acaba de entrar en escena?
Qui c'est l'homme/la femme qui vient d'entrer sur la scène ?

¿Por qué la mujer grita?
Pourquoi la femme crie-t-elle ?

Profite bien du spectacle !

QUIZ Un petit quiz pour terminer !

Mets dans l'ordre les lettres suivantes pour former le mot qui désigne une musique, un chant et une danse typiquement espagnols :

M A L O C E F N ....

Question subsidiaire ! En espagnol, lorsque quelqu'un est très blanc de peau, on dit :

- ❍ **Estar blanco como una aspirina.**
- ❍ **Estar blanco como la leche.**
- ❍ **Estar blanco como un huevo.**

13

¡De compras!

Le Prado, le flamenco et le métro n'ont plus aucun secret pour toi. Tu sais où se trouvent la piscine, le court de tennis, le meilleur bar à tapas, tu maîtrises les horaires de bus... bravo ! Justement, en te rendant à tes diverses activités, tu es passé(e) devant de jolies boutiques et tu as repéré dans la vitrine quelques objets qui feraient des cadeaux sympas à ramener. Et si on faisait du shopping aujourd'hui ?

Necesito dinero

Tu as fait une consommation intensive de churros et de tapas, et, comme ils ne sont malheureusement pas distribués gratuitement, ton argent de poche a fondu comme neige au soleil. Allons chercher un distributeur automatique où tu vas pouvoir retirer de l'argent (sacar dinero).

¿Hay un cajero automático por aquí cerca?
Est-ce qu'il y a un distributeur près d'ici ?

Tu as de l'argent ? Vite ! Où sont les boutiques ?

Les petites phrases qui sauvent
Tu t'es trompé(e) de code et la machine a gardé ta carte ? Entre dans l'agence bancaire et dis : **El cajero se me ha tragado la tarjeta.** (Le distributeur a avalé ma carte.)

De tiendas

Où trouver le bon magasin (la tienda) qui correspond à tes besoins ?

¿En qué zona están las tiendas?
Dans quelle zone se trouvent les magasins ?

¿Me puedes decir dónde venden sellos?
Peux-tu m'indiquer où l'on vend des timbres ?

¿Dónde puedo comprar periódicos en francés?
Où puis-je acheter des journaux en français ?

Necesito algunas cosas

¿Dónde está el centro comercial más cercano?
Où est le centre commercial le plus proche ?

Que tu veuilles t'acheter un croissant ou une BD, voici quelques mots qui te seront utiles :

la panadería	la boulangerie
la pastelería	la pâtisserie
la tienda de alimentación	l'épicerie
la tienda de ropa	le magasin d'habillement
la zapatería	le magasin de chaussures
la tienda de deportes	le magasin de sport
la librería	la librairie
el estanco	le bureau de tabac

Utile aussi de connaître les horaires d'ouverture (los horarios de apertura) :

¿A qué hora abren/cierran las tiendas?
À quelle heure ouvrent/ferment les magasins ?

¿Abrís los domingos?
Êtes-vous ouverts le dimanche ?

Estamos abiertos de las diez a las nueve de la noche de lunes a sábado.
Nous sommes ouverts de 10 h à 21 h, du lundi au samedi.

Cerramos al mediodía, entre las dos y las cinco.
Nous fermons pour le déjeuner, entre 14 h et 17 h.

Tu es dans la boutique et une vendeuse (una dependienta) te demande :

¿En qué puedo servirte?
Tu désires ?

¿Necesitas ayuda?
Puis-je t'aider ?

Tu es juste venu(e) flâner :

Solo estoy mirando.
Je regarde seulement.

Au contraire, tu as besoin d'aide :

Les petits pièges à éviter

La compra désigne l'« achat », et ir de compras (ou ir de tiendas) signifie « faire les magasins ». À ne pas confondre avec hacer la compra qui veut dire « faire ses courses... au marché » !

Necesito algunas cosas

¿Tenéis gafas de sol?
Avez-vous des lunettes de soleil ?

¿Me puedes enseñar aquellas sandalias?
Pourrais-tu me montrer les sandales là-bas ?

¿Puedo ver el modelo del escaparate?
Pourrais-tu me montrer le modèle de la vitrine ?

Elle peut. Si par hasard un nouveau vendeur (un dependiente) s'adresse à toi pour te proposer ses services, dis-lui poliment :

Ya me atienden, gracias.
On s'occupe de moi, merci.

Una cuestión de precio

Quand tu vas demander le prix (pedir el precio), le calcul mental te sera épargné. En Espagne, la monnaie est également l'euro :

¿Cuánto es?
C'est combien ?

¿Qué precio tiene esta postal?
Quel est le prix de cette carte postale ?

¿Cuánto vale este llavero?
Combien coûte ce porte-clés ?

Este cuesta cinco euros.
Celui-là est à cinq euros.

À vrai dire, tu ne sais pas trop quoi faire...

Me lo tengo que pensar.
Je vais réfléchir.

Mais si tu as trouvé ton bonheur...

Me llevo este.
Je prends celui-ci.

Ensuite on te demandera :

¿(Deseas) algo más?
Autre chose ?

No, gracias, eso es todo.
Non, merci, c'est tout.

Cerrado al mediodía

Sur la porte, un panneau indique « ouvert » (abierto) ou « fermé » (cerrado). En Espagne, les magasins sont en général ouverts de 9 h ou 10 h à 13 h 30, puis de 17 h à 20 h. Aucun achat donc en début d'après-midi ! Ces horaires valent surtout pour les petits commerces indépendants, car les grands magasins sont en général ouverts sans interruption de 9 h ou 10 h à 20 h ou 21 h.

Les petits pièges à éviter
Note la façon d'indiquer les centimes : 5,30 € = cinco euros con treinta céntimos

En la caja

Tes achats sont faits.
Cap sur la caisse (la caja) !

¿Dónde se paga?
Où dois-je payer ?

¿Cuánto es?
C'est combien ?

¿Cómo vas a pagar: en efectivo o con tarjeta?
Tu règles comment : en espèces ou par carte ?

En unos grandes almacenes

Si tu es plutôt dans une ville moyenne ou une grande ville, il y a quelque part des grands magasins (los grandes almacenes) ou un centre commercial (un centro comercial). Il n'est pas toujours facile d'y trouver rapidement ce que l'on cherche.

Estoy buscando pilas.
Je cherche des piles.

¿Vendéis mochilas?
Est-ce que vous vendez des sacs à dos ?

Le petit point de grammaire : les démonstratifs

Pour désigner une personne ou un objet dans l'espace, on emploie des mots différents en fonction de l'éloignement de cette personne ou de cet objet :

Proches	Éloignés	Plus éloignés
este libro, estos libros	ese libro, esos libros	aquel libro, aquellos libros
esta casa, estas casas	esa casa, esas casas	aquella casa, aquellas casas

¿Prefieres esta camisa, esa camisa o aquella camisa?
Tu préfères cette chemise-ci, cette chemise-là ou la chemise là-bas ?

¿Qué camisa prefieres: esta, esa o aquella?
Quelle chemise préfères-tu : celle-ci, celle-là ou celle là-bas ?

Por favor, ¿dónde está la sección de ropa de caballeros/de señoras/de niños?
S'il te plaît, où se trouve le rayon homme/femme/enfant ?

¿En qué planta están los libros y los discos?
À quel étage se trouvent les livres et les disques ?

¡Es una ganga!

Tu viens de repérer un panneau qui annonce des soldes (rebajas). Les occases (las gangas), c'est ton truc, la négociation ton point fort (tes pauvres parents le savent...) et marchander, même en espagnol, ne te fait pas peur. Vas-y, tente le coup ! Qui n'essaie rien n'a rien !

¿Esta gorra está rebajada?
Cette casquette est-elle soldée ?

¡Es demasiado caro!
C'est trop cher !

¡Es carísimo!
C'est hors de prix !

¿Me puedes hacer un descuento?
Pourrais-tu me faire une remise ?

Dernier argument, air triste, yeux de cocker :

Solo tengo diez euros.
Je n'ai que dix euros.

Bon, tu auras essayé !

¡Nada de ropa que ponerme!

Ta mère avait la tête ailleurs quand elle a fait ta valise. Le blouson doublé et les quatre gros pulls en laine (de lana), à Madrid, au mois d'août, te laissent perplexe. Tu espères juste qu'elle n'a pas mis tous tes T-shirts dans la valise de ton frère qui partait faire de l'escalade en Norvège... C'est le moment d'aller faire quelques achats de vêtements plus adaptés.

El Corte Inglés

C'est la plus importante chaîne espagnole de grands magasins. Tu la trouveras dans la plupart des grandes villes espagnoles : Madrid, Barcelone, Séville... L'une des raisons de son succès, c'est qu'on y trouve tout, de l'alimentation aux vêtements de marques, de l'électronique, une librairie, une agence de voyages, de réservation de billets de spectacles. C'est une véritable caverne d'Ali Baba !

¡Una cuestión de talla!

Les tailles (las tallas) en Espagne sont les mêmes que dans certains pays européens (ce n'est pas le cas en Amérique latine), mais sont parfois indiquées en espagnol :
pequeña (P) = small (S) ;
mediana (M) = medium (M) ;
grande (G) = large (L) ;
extra grande (XG) = extra large (XL).

Necesito algunas cosas

Necesito unos pantalones cortos y algunas camisetas.
J'ai besoin de shorts et de quelques T-shirts.

Estoy buscando una camisa de algodón.
Je cherche une chemise en coton.

¿Qué talla usas?
Quelle taille fais-tu ?

Uso la treinta y ocho.
Je fais du trente-huit.

Uso una P.
Je mets du S.

¿De qué color la quieres?
Tu la veux de quelle couleur ?

Bonne question. Tu te souviens des couleurs ?

blanco(-a)	blanc(he)
negro(-a)	noir(e)
gris	gris(e)
azul	bleu(e)
verde	vert(e)
rojo(-a)	rouge
amarillo(-a)	jaune
naranja	orange
rosa	rose
morado(-a)	violet(te)
marrón	marron

Il est temps d'essayer :

¿Me lo (la) puedo probar?
Est-ce que je peux l'essayer ?

¿Dónde están los probadores?
Où se trouvent les cabines d'essayage ?

En el probador

Tout en te regardant dans le miroir (el espejo), tu veux avoir un autre avis :

¿Cómo me queda?
Ça me va ou pas ?

Les avis semblent partagés :

Este vestido te queda (muy) bien.
Cette robe te va (très) bien.

Este suéter no te queda bien.
Ce pull ne te va pas.

Décidément, il faudra te fier à tes propres goûts. Ça te plaît ?

Me gusta(n) mucho.
J'aime beaucoup.

No me gusta(n).
Je n'aime pas.

Me encanta(n).
J'adore.

Il y a quelque chose qui ne va pas ?

Es demasiado pequeño(-a)/grande.
C'est trop petit/grand.

Es demasiado corto(-a)/largo(-a).
C'est trop court/long.

Es demasiado ajustado(-a)/holgado(-a).
C'est trop serré/large.

Peut-être qu'ils ont ce que tu cherches :

¿Lo (La) tienes en una talla más grande/ más pequeña?
Aurais-tu ceci dans une taille plus grande/ plus petite ?

Querría el mismo, pero de otro color.
Je voudrais le même, mais dans une autre couleur.

Con buen pie

À force de marcher, sauter et danser le flamenco, (du moins essayer...), tes chaussures sont sur le point de rendre l'âme. Il te faut trouver au plus vite una zapatería :

Les petits pièges à éviter

En espagnol, el color (la couleur) est masculin, de même que la plupart de mots qui finissent par or :
el dolor (la douleur),
el calor (la chaleur),
el valor (la valeur),
el sabor (la saveur),
el favor (la faveur).

Necesito algunas cosas

Quiero un par de zapatos (con tacones/planos).
Je voudrais une paire de chaussures (à talons/plates).

¿Qué número calzas?
Quelle pointure fais-tu ?

Calzo un 40.
Je chausse du 40.

¿Me los (las) puedo probar?
Je peux les essayer ?

Alors, elles sont comment ?

Estas deportivas son perfectas/muy cómodas.
Ces baskets sont parfaites/très confortables.

Estos zapatos me aprietan.
Ces chaussures me serrent trop.

Recuerdos

Acheter des souvenirs (los recuerdos) pour toute ta famille... quelle corvée ! Mais tu ne pourras pas y couper... Voilà justement un magasin de cadeaux (la tienda de regalos) où tu devrais trouver ton, ou plutôt leur, bonheur :

¿Qué hay de realmente típico de aquí?
Qu'est-ce qui est vraiment typique d'ici ?

Quiero algo de esta región.
Je voudrais quelque chose de local.

Estoy buscando algo alrededor de veinte euros.
Je cherche quelque chose dans les vingt euros.

Es para regalar.
C'est pour offrir.

Tu hésites. Ta sœur va-t-elle aimer cette danseuse de flamenco en plumes et coquillages ? Elle est magnifique cette tête de taureau grandeur nature mais est-ce bien le style du salon de tes parents ?

Eso no es realmente lo que busco.
Ce n'est pas vraiment ce que je cherche.

¡Ve al mercado!

Toutes sortes de marchés (los mercados) se tiennent dans les villes espagnoles. On y trouve des fruits, des légumes et d'autres denrées alimentaires, mais aussi des vêtements, des chaussures, des outils de bricolage, etc. Les marchés permanents commencent très tôt le matin et se terminent en début d'après-midi, tandis que les marchés itinérants (los mercadillos) ont des jours et des horaires variables.

¿No tienes algo más barato?
Aurais-tu quelque chose de moins cher ?

Fais simple :

Me voy a quedar esto.
Je vais prendre ça.

¿Me lo puedes envolver para regalo?
Peux-tu me faire un paquet-cadeau ?

¿Tienes una bolsa?
Aurais-tu un sac ?

Tu sors du magasin soulagé(e). Pour ton père, tu as pris une bouteille de vin (una botella de vino) et tu as abandonné l'idée de rapporter le jambon serrano (un jamón serrano), trop cher ! Pour ta mère, un produit de l'artisanat (la artesanía) du coin, pour ton frère un T-shirt (una camiseta) aux couleurs de son club de foot préféré, pour ta sœur ce sera une poupée (una muñeca) en robe de flamenco. À ta grand-mère tu vas rapporter un éventail (un abanico), et ton grand-père aura droit à des castagnettes (unas castañuelas). Pour ton cousin Christian, tu as déniché un super porte-clés (un llavero), et tante Léonide devra se contenter d'un magnet (un imán de nevera). Tu n'as oublié personne ?

Necesito pilas para esta cámara.

En la tienda de fotos

Zut ! Ta carte est pleine et tu as oublié d'apporter le câble pour transférer tes photos sur un ordi. Il y a un magasin de photo (una tienda de fotos) qui fait l'angle, tu vas pouvoir acheter une nouvelle carte mémoire :

Quiero una tarjeta de memoria de doce gigas.
Je voudrais une carte mémoire de douze gigas.

Mais tu y es peut-être entré(e) parce que tu as besoin d'autre chose :

Necesito pilas como estas para esta cámara.

Necesito algunas cosas

J'ai besoin de piles comme celles-ci pour cet appareil.

Quiero una cámara desechable.
Je cherche un appareil photo jetable.

Tu souhaiterais faire développer (revelar) quelques photos pour les donner à ta famille d'accueil ?

¿Imprimís fotos digitales a partir de la carta de memoria/del lápiz (de memoria)?
Est-ce que vous tirez des photos à partir de la carte mémoire/de la clé USB ?

Ganas de sentarte un poco...

Ça fait un bon moment que tu arpentes les trottoirs de long en large. Tu as envie de te poser un peu, histoire de reprendre des forces. Tu vois qu'il y a une place qui semble libre en terrasse...

¿Está libre esta silla?
Est-ce que cette place est libre ?

Si c'est le cas, tu t'assois et fais signe au serveur de venir...

¡Camarero(-a)!
Garçon !/Mademoiselle !

¿Qué va a ser?
Qu'est-ce que tu désires ?

Un café solo.
Un café noir.

Un zumo de albaricoque, por favor.
Un jus d'abricot, s'il te plaît.

Una botella grande de agua, por favor.
Une grande bouteille d'eau, s'il te plaît.

¡Camarero, por favor!
En Espagne, tu verras que les gens appellent le serveur en faisant de grands gestes de la main et en claquant parfois ostensiblement les doigts pour attirer leur attention. C'est normal...

Si tu as aussi un peu faim, tu peux toujours te renseigner sur ce que l'établissement propose :

¿Qué tienes de comer?
Qu'est-ce que tu as à manger ?

¿De qué tienes bocadillos?
Qu'est-ce que tu as comme sandwichs ?

¡La cuenta, por favor!

Eh bien, c'était très sympa, mais il va falloir y aller. Avant de partir, tu dois régler l'addition :

¡La cuenta, por favor!
L'addition, s'il te plaît !

¿Cuánto te debo?
Combien je te dois ?

Le montant de l'addition te semble bizarre ?

Creo que hay un error en la cuenta.
On dirait qu'il y a une erreur dans l'addition.

Yo no he tomado eso.
Je n'ai pas pris ça.

N'hésite pas à réclamer ta monnaie si le serveur passe et repasse sans te jeter le moindre regard :

Estoy esperando el cambio/la vuelta.
J'attends ma monnaie.

Mais avant de reprendre ton shopping, reste encore un peu assis pour faire...

QUIZ Un petit quiz pour terminer !

Trouve les mots correspondant aux définitions :

- ○ **Objeto que se trae de un viaje :** ....
- ○ **Persona que se dedica a servir consumiciones en un bar o en un restaurante :** ....

Quelle est l'expression que tu dois employer pour te renseigner sur le montant à payer ?

- ○ **¿Cuándo es?**
- ○ **¿Qué premio tiene?**
- ○ **¿Cuánto te debo?**

14

¡Qué rico!

En Espagne, les repas se prennent en famille ! Avoue que tu apprécies !! En fonction de ton point de chute, tu mangeras des choses très différentes mais, où que tu ailles, tu trouveras les grands classiques : la tortilla española, la paella ou encore el gazpacho. La cuisine espagnole ne se limite cependant pas à ces spécialités internationalement connues, et il te reste mille saveurs à découvrir. Prêt(e) ?

¿Qué es esto?
C'est quoi, ça ?

¿Qué ingredientes lleva?
Quels ingrédients contient-il ?

¿Lleva ajo?
Il y a de l'ail ?

¿No es demasiado picante?
Ce n'est pas trop épicé ?

Lo siento, pero prefiero no comer de esto.

Un jour, c'est sûr, on va te proposer un truc que tu détestes. Comment rester poli(e) et ne pas vexer tes hôtes ?

Prefiero no comer de esto.
Je préfère ne pas manger de ça.

Lo siento, pero no me apetece.
Je suis désolé(e), mais ça ne me dit rien.

Tu peux toujours essayer de négocier une modification de la recette :

¿Puede ser sin pimiento?
C'est possible sans poivron ?

Ils ne lâchent pas l'affaire et insistent :

¡Sí, hombre/mujer, pruébalo!
Mais si, goûte !

Te va a gustar.
Tu vas aimer.

Solo un poquito.
Seulement un petit peu.

Solo un pedacito.
Seulement un petit morceau.

Tiens bon :

No, de verdad, gracias.
Non, vraiment, merci.

Le repas touche à sa fin. Après l'entrée (el entrante) et le plat de résistance (el plato fuerte), voici enfin le dessert (el postre) !

¿Qué quieres de postre?
Que veux-tu comme dessert ?

¿La tarta es casera?
La tarte, elle est faite maison ?

¡Todo estaba riquísimo!
Tout était délicieux !

N'oublie pas de demander les recettes des plats que tu as le plus appréciés.

Les petits pièges à éviter

Tu peux te resservir ! Rico(a) ne veut pas dire qu'il y a 5 000 calories dans une part mais que c'est délicieux, excellent. Ouf !

¡A la mesa!

Les repas en Espagne se prennent rarement en silence ! Et, tout comme en France, la conversation porte souvent sur la cuisine ! Voilà un peu de vocabulaire pour participer. D'abord, le basique :

el huevo	l'œuf
la harina	la farine
el pan	le pain
la pasta	les pâtes
el arroz	le riz
la patata	la pomme de terre
el aceite	l'huile

La carne

Si tu es végétarien(ne), tu peux passer directement au paragraphe suivant. En revanche, si tu aimes la viande, voici les incontournables :

la vaca	le bœuf
la ternera	le veau
el pollo	le poulet
el cerdo	le porc
el cordero	l'agneau
el conejo	le lapin
la chuleta	la côte

S'il y a une chose dont les Espagnols sont fiers – tu comprendras vite pourquoi –, c'est de leur charcuterie (los embutidos). Voici quelques produits phares :

el jamón	le jambon
el jamón de York	le jambon blanc
el chorizo	le chorizo
el salchichón	le saucisson
la morcilla	le boudin noir
la salchicha	la saucisse
el lomo	l'échine de porc séchée

¡Jamón jamón!
Que serait l'Espagne sans sa charcuterie ? Il existe trois sortes de jambons :
el jamón serrano, issu de porcs blancs « ordinaires » ;
el jamón ibérico, issu de porcs ibériques ;
el jamón de bellota, lorsque le porc est nourri exclusivement aux glands de chêne.
Mais tu n'auras pas à choisir si tu manges hallal ou casher !

Pescado y marisco

Tu préfères le poisson ? Pas de problème, l'Espagne est baignée par la Méditerranée et l'Atlantique ; tu vas pouvoir te régaler :

la merluza	le colin
el bacalao	la morue
el atún	le thon
el lenguado	la sole
el salmón	le saumon

la sardina	la sardine
la anchoa	l'anchois

Et côté fruits de mer :

la gamba	la crevette (rose)
el langostino	le gros bouquet
la cigala	la langoustine
el calamar	le calmar
el pulpo	le poulpe
la sepia	la seiche
el mejillón	la moule
la ostra	l'huître
la vieira	la coquille Saint-Jacques
el bogavante	le homard

Los productos lácteos

Si tu es accro aux produits laitiers, voici ce qu'il te reste à demander :

la leche	le lait
la mantequilla	le beurre
el queso	le fromage
el yogur	le yaourt
la nata	la crème fraîche

Si tu aimes le fromage (el queso), tu ne vas pas te sentir dépaysé(e) puisqu'il y en a plus de cent variétés. Chaque région a sa spécialité de fromage frais, fort, sec... Le manchego, sans doute le plus connu, est élaboré exclusivement avec du lait de brebis.

On ne sert pas de plateau comme en France (una tabla de quesos), car ici le fromage se mange plutôt en tranches ou en dés au moment de l'apéritif.

El rey de la gastronomía española

Les vertus diététiques de l'huile d'olive (el aceite de oliva) ne sont plus à démontrer.
En Espagne, elle coule à flots et accompagne absolument tous les aliments.
À la place du beurre, essaie le filet d'huile sur ton morceau de pain, tu seras un(e) vrai(e) Espagnol(e) !

Las hortalizas

Les légumes du soleil et autres produits du potager sont servis à chaque repas :

el tomate	la tomate
la lechuga	la salade
la zanahoria	la carotte
la cebolla	l'oignon
el pepino	le concombre
el pimiento	le poivron
el espárrago	l'asperge
la judía verde	le haricot vert
el guisante	le petit pois
el calabacín	la courgette
la berenjena	l'aubergine
la aceituna/la oliva	l'olive

Tu auras certainement droit aussi aux légumes secs :

la judía blanca	le haricot blanc
el garbanzo	le pois chiche
la lenteja	la lentille
el haba	la fève

Cada uno a lo suyo
(Chacun pour soi)
La salade se mange tout au long du repas, présentée dans un saladier posé au milieu de la table dans lequel chacun pioche directement.

La fruta

Allez, un peu de vitamines... :

la naranja	l'orange
la manzana	la pomme
la pera	la poire
el melocotón	la pêche
el albaricoque	l'abricot
la ciruela	la prune
el plátano	la banane
el higo	la figue

la fresa	la fraise
la uva	le raisin
el melón	le melon
la sandía	la pastèque
la piña	l'ananas

Los frutos secos

Espérons que tu n'es pas allergique aux arachides !

la almendra	l'amande
la avellana	la noisette
la nuez	la noix
el cacahuete	la cacahouète
el pistacho	la pistache
la uva pasa	le raisin sec
la ciruela pasa	le pruneau

Las hierbas aromáticas

el perejil	le persil
la albahaca	le basilic
el orégano	l'origan
el tomillo	le thym
la menta	la menthe

La solución contra los vampiros

En Espagne, mieux vaut aimer l'ail (el ajo), car il est omniprésent. Si tu aimes, n'oublie pas d'avoir toujours un chewing-gum dans la poche pour te rafraîchir l'haleine après le repas. Si tu n'aimes pas… bon courage !

Un mosaico de sabores

Selon l'endroit où habite ta famille, tu découvriras des spécialités locales différentes. Impossible de nommer les spécialités de toutes les régions. Voici cependant quelques plats emblématiques :

La paella valenciana est l'une des grandes spécialités culinaires du pays, mais ce n'est pas la seule,

El gazpacho

C'est une soupe typique andalouse faite avec des tomates (el tomate), des oignons (las cebollas), des concombres (los pepinos), des poivrons (los pimientos), de l'ail (el ajo), et servie froide. Tu les as, tes cinq fruits et légumes par jour !

rassure-toi ! Originaire de Valence, elle se prépare traditionnellement avec du riz, des tomates, des oignons, des poivrons, des haricots, des artichauts, du safran, du lapin et du poulet. D'autres paellas mélangent du porc, des fruits de mer, du poisson, etc., et elles sont tout aussi succulentes !

La fideuà est un plat à base de vermicelles cuits dans un bouillon de poisson, et servi avec un aïoli. À tomber par terre !

La fabada est un plat typique des Asturies à base de haricots auxquels on mêle viande de porc et charcuteries (du boudin, du chorizo, du lard, du jambon, etc.). Une cousine du cassoulet…

El bacalao a la vizcaína, c'est de la morue cuisinée avec des tomates, des oignons, des poivrons et des œufs durs.

El marmitako, spécialité basque, est un ragoût de thon et de pommes de terre.

El estofado désigne un ragoût de bœuf et de porc.

Las lentejas a la aragonesa sont des lentilles préparées avec du boudin, des champignons, et parfumées à l'anisette.

La tortilla désigne une omelette aux pommes de terre (et parfois aussi aux oignons) très épaisse et que l'on mange chaude ou froide. On t'en proposera à toute heure du jour et de la nuit.

Las empanadas et las empanadillas sont des sortes de chaussons dont la farce peut être réalisée avec toutes sortes de produits : du thon, des sardines, du bœuf haché, du poulet, etc.

Los huevos a flamenca sont des œufs cuits au four sur un hachis de viande et servis avec des petits pois, des asperges et du piment.

Los pimientos del piquillo sont des poivrons farcis, généralement à la morue. Un vrai délice !

¿Y de postre?

Avec les desserts espagnols, mieux vaut ne pas avoir peur du sucre ! Voici le nom de quelques délices :

El flan est le nom de la crème caramel.

Las natillas désigne une sorte de crème anglaise parfumée à la cannelle et au citron.

La crema catalana est une crème brûlée parfumée à la cannelle.

El arroz con leche, c'est le riz au lait.

La leche frita est une crème pâtissière épaisse, coupée et frite à la poêle, et saupoudrée de sucre.

El membrillo, c'est de la pâte de coing.

Los buñuelos sont des beignets plats au sucre. À s'en lécher les babines !

Las yemas de Santa Teresa est une pâtisserie à base de jaunes d'œufs, de sucre, de cannelle et de zeste de citron.

La tarta de Santiago est un gâteau à la pâte d'amande saupoudré de sucre glace. Et vas-y que je te rajoute du sucre !

El turrón est une sorte de nougat à base de blancs d'œufs, miel, sucre et amandes. Celui de Jijona est mou (les amandes sont utilisées en poudre) ; celui d'Alicante est dur (avec des amandes entières ou en morceaux). À consommer même en dehors de la période de Noël !

L'expression qui sauve

¡No puedo más! ¡Voy a explotar! – Les mamans espagnoles sont persuadées que tu n'as jamais mangé à ta faim et insistent toujours pour que tu te resserves. Il faut avoir le courage de dire « Je n'en peux plus ! Je vais exploser ! », tout en desserrant ta ceinture d'un cran. À bon entendeur !

¿Qué tal el día?

La famille se retrouve souvent autour de la table pour raconter sa journée. Encore une bonne occasion de te perfectionner :

Los placeres de la mesa

¿Qué has hecho hoy?
Qu'as-tu fait aujourd'hui ?

¿Qué habéis aprendido hoy en la academia?
Qu'avez-vous appris à l'école ?

Raconte-leur en détail tes activités. Ils adorent et tu progresses :

Nos han enseñado las partes del cuerpo.
Nous avons appris les parties du corps.

Ahora sé contar hasta mil.
Maintenant je sais compter jusqu'à mille.

Había una salida organizada.
Une sortie avait été organisée.

Tu pensais en avoir fini ?

¿Y qué más has hecho?
Et qu'est-ce que tu as fait d'autre ?

Tu peux toujours t'inspirer des phrases suivantes que tu adapteras en fonction de tes activités :

Kathryn me ha invitado a merendar a su casa.
Kathryn m'a invité(e) pour le goûter chez elle.

He ido a pasear al parque con William.
Je suis allé(e) me promener au parc avec William.

Le petit point de grammaire : el pretérito perfecto

Souviens-toi qu'en espagnol, avec les expressions de temps telles que hoy (aujourd'hui), esta mañana (ce matin), esta tarde (cet après-midi), esta noche (ce soir, cette nuit), esta semana (cette semaine), este mes (ce mois), esta año (cette année), este verano (cet été), il faut utiliser le passé composé (el pretérito perfecto).

Hoy me he levantado tarde. Aujourd'hui, j'ai fait la grasse matinée.
Este verano me lo he pasado muy bien. Cet été, je me suis beaucoup amusé.

Emploie également le passé composé, même si tu ne fais pas référence à un moment précis ou à une période bien définie, lorsque tu utilises des mots comme ya (déjà), todavía ou aún (encore), siempre (toujours), nunca ou jamás (jamais) :

Todavía no he visitado la catedral. Je n'ai pas encore visité la cathédrale.
Nunca he comido pulpo. Je n'ai jamais mangé du poulpe.

He tomado un helado en una terraza.
J'ai pris une glace à la terrasse d'un café.

Tu as l'impression d'être arrivé(e) hier ! Comme le temps passe vite ! Tu as maintenant de vraies expériences à partager :

¿Qué has visto durante estos días?
Qu'as-tu vu ces jours-ci ?

¿Dónde has estado?
Où as-tu été ?

¿Qué monumentos has visitado?
Quels monuments as-tu visités ?

¿Ya has comido una paella?
As-tu déjà mangé de la paella ?

¿Has hecho nuevos amigos?
Tu t'es fait de nouveaux amis ?

¿Te gusta nuestra ciudad?
Est-ce que tu aimes notre ville ?

¿Qué te parece España?
Que penses-tu de l'Espagne ?

Tu te rends compte que tu as fait, vu, visité, admiré, découvert mille choses différentes pendant ton séjour :

El miércoles fuimos con la academia al museo.
Mercredi, nous sommes allés avec l'école au musée.

Le petit point de grammaire : el pretérito indefinido

Avec les expressions de temps telles que ayer (hier), anoche (hier soir), el lunes (lundi), el martes (mardi), el otro día (l'autre jour), hace dos días (il y a deux jours), hace tres años (il y a trois ans), la semana pasada (la semaine dernière), el mes pasado (le mois dernier), el año pasado (l'année dernière), en febrero (en février), en junio (en juin), en Navidad (à Noël), en 2010 (en 2010), etc., c'est le passé simple (el pretérito indefinido) qui s'impose !

El martes hicimos una excursión. Mardi, nous avons fait une sortie.
El verano pasado estuve en Inglaterra. L'été dernier, j'ai été en Angleterre.

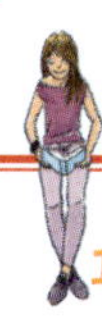

Los placeres de la mesa

Ayer estuvimos en la playa todo el día.
Hier, nous avons passé la journée entière à la plage.

Anoche fui a una fiesta.
Hier soir, j'ai été à une fête.

El otro día monté a caballo por primera vez.
L'autre jour, je suis monté(e) pour la première fois à cheval.

La semana pasada asistí a un concierto.
La semaine dernière, j'ai assisté à un concert.

Au début, tu avais du mal à parler, mais tu réalises soudain que, depuis un petit moment, c'est plus facile et que tu commences à acquérir des automatismes. Tu comprends de mieux en mieux, et les mots arrivent spontanément lorsque tu veux expliquer ou raconter quelque chose. Et, crois-le ou non, tu vas être submergé(e) de bonheur en entendant :

¡Qué bien hablas español!
Qu'est-ce-que tu parles bien espagnol !

¡Has mejorado mucho!
Tu as fait beaucoup de progrès !

C'est vrai ? Alors, tu n'auras pas de problème pour faire, comme d'hab...

QUIZ Un petit quiz pour terminer !

Comment dirais-tu en espagnol « Est-ce qu'il y a de l'ail ? » :

....

Qu'est-ce qu'on mange à la fin du repas ?

- ❍ **el aperitivo**
- ❍ **el postre**
- ❍ **la merienda**

15

¡Viva la fiesta!

Les Espagnols adorent faire la fête. Une guitare n'est jamais loin… deux accords, trois chansons, et des gens qui ne se connaissaient pas cinq minutes plus tôt dansent et chantent ensemble jusqu'à l'aube.

Fiestas de España

Mais aujourd'hui il se passe quelque chose de spécial… Les rues sont barrées, il y a des affiches et des lampions partout, les balcons croulent sous les rubans… Une visite du roi ? Un déplacement du pape ? Justin Bieber en villégiature ? Tu n'y es pas ! C'est mille fois mieux ! C'est la fiesta mayor, autrement dit la célébration du saint patron (el santo patrón) protecteur du lieu. Où que tu sois, tu n'y échapperas pas, car chaque ville, chaque village, parfois même un simple quartier a son saint patron (qui peut être una santa patrona…).

¿Cuándo es la fiesta mayor?
C'est quand, la fête du saint patron ?
¿Cuándo empiezan las fiestas del pueblo?
Elles commencent quand, les fêtes du village ?

Les festivités ont souvent lieu l'été et peuvent durer plusieurs jours. C'est l'occasion de danser jusqu'à l'aube à una verbena (fête populaire nocturne en plein air), de contempler le défilé (el desfile) ou la procession (la procesión) qui parcourent les rues, de se divertir dans une fête foraine (una feria), ou encore d'assister à un spectacle son et lumière (un espectáculo piromusical).

Un día especial

Tu veux participer ?

¿Qué se celebra?
Qu'est-ce que vous fêtez ?

¿A qué hora empieza?
À quelle heure ça commence ?

¿Por dónde pasan?
Par où passent-ils ?

¿Quiénes son esos?
Qui sont ces gens-là ?

¿Qué están haciendo ahora?
Qu'est-ce qu'ils font maintenant ?

¿Por qué hace esto?
Pourquoi fait-il ça ?

Les traditions en Espagne sont toujours vivantes et, exception faite de la Semaine sainte (la Semana santa), moment de prières et de recueillement, elles donnent toutes l'occasion de faire la fête (ir de juerga) !! Prêt(e) ? ¡Vamos!

Los días de la semana

Tu sais quel jour on est, au moins ?

el lunes
el martes
el miércoles
el jueves
el viernes
el sábado
el domingo

Los Reyes Magos

En Espagne, selon la tradition, ce sont les Rois mages – Melchior (Melchor), Gaspard (Gaspar) et Balthazar (Baltasar) – qui apportent les cadeaux aux enfants, le 6 janvier. Lors du défilé (el desfile) qui a lieu la veille de l'Épiphanie, des gens et parfois des personnalités déguisées en Rois mages défilent et, aidés de leurs valets (los pajes), jettent des bonbons à la foule. Le soir, les enfants mettent leurs chaussures sur le rebord de leur fenêtre ainsi qu'un peu de nourriture et d'eau pour les Rois mages et leurs chameaux.

El Carnaval

La date du Carnaval n'est jamais la même, elle change d'une année à l'autre, mais tombe presque

toujours en février ou en mars. Où que tu sois, tu croiseras des hordes d'enfants déguisés, car le Carnaval se fête partout. Dans certaines villes – comme Cadix, ou Tenerife et Las Palmas dans les îles Canaries (Gran Canaria) –, tu te croiras à Rio, au Brésil, tant les costumes sont éblouissants et les chars incroyablement décorés. Ambiance d'enfer !

Las Fallas

Les Fallas de Valencia (Valence) se déroulent du 16 au 19 mars. Les Fallas sont des statues géantes (de 15 à 18 mètres de haut !) en carton ou en papier mâché. Elles représentent de façon satirique des personnages connus. Le 19 mars (jour de la Saint-Joseph, patron des charpentiers), on les fait brûler pendant qu'explosent les feux d'artifice. Seule celle qui est considérée comme la plus belle est sauvée des flammes et installée dans un musée. Si tu as la chance de te trouver dans la région de Valence à cette période, bouche-toi bien les oreilles, des chapelets de pétards explosent partout !

Les petits pièges à éviter

Souviens-toi qu'en espagnol les jours de la semaine sont toujours précédés de l'article el : El jueves vamos de excursión. (Jeudi, on fait une excursion.). Si tu veux exprimer une habitude, utilise l'article au pluriel los : Los lunes vamos a la piscina. (Le lundi – tous les lundis – on va à la piscine.).

La Feria de Abril

La Feria de Abril est une grande fête populaire qui a lieu chaque année à Séville, en Andalousie. La Feria s'ouvre avec la nuit du pescaíto (on mange des petits poissons frits). À minuit, tu verras s'allumer les milliers d'ampoules colorées qui vont illuminer l'enceinte de la Feria. Plus de mille baraques (casetas) sont installées et vont accueillir famille, amis et parents qui viennent manger des produits régionaux, boire du vin mais aussi chanter et danser les sévillanes (las sevillanas) dont tu dois absolument apprendre les pas ! Pendant toute la fête, les gens sont vêtus de

Los meses del año
enero, febrero, marzo, abril, mayo, junio, julio, agosto, se(p)tiembre, octubre, noviembre, diciembre.

costumes andalous typiques (non, ce ne sont pas leurs vêtements de tous les jours, contrairement à ce que tu croyais en débarquant !). Dans la journée, la Feria se remplit de centaines de cavaliers et de calèches décorées : il s'agit du paseo de caballos (promenade des chevaux). Chaque après-midi, les Sévillans se pressent à la Maestranza, les arènes de Séville, pour assister à la corrida. ¡Olé!

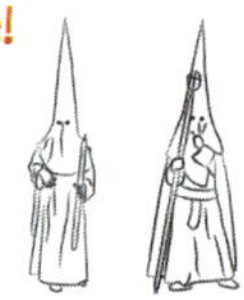

La Semana Santa

La Semana Santa (la Semaine sainte) commence une semaine avant Pâques. C'est un moment très important pour les chrétiens qui célèbrent la Passion, la mort et la résurrection du Christ. Elle débute le dimanche des Rameaux (el Domingo de Ramos). Ne tombe pas dans les pommes en voyant les centaines de pénitents (los nazarenos) défiler dans les rues, ces types qui portent une tunique à la cagoule pointue avec des trous à la place des yeux, directement sortis d'un film d'horreur. Ça te flanque une de ces trouilles ! Regroupés en confréries (las cofradías), ils portent los pasos, plates-formes décorées sur lesquelles sont placées des statues et des images sacrées. Très impressionnant, surtout à Séville !

San Juan

La nuit du 23 au 24 juin est la nuit la plus courte et la plus magique de l'année. C'est la Saint-Jean, et on célèbre le début de l'été. Si tu te trouves en Catalogne ou dans les régions méditerranéennes, ce sera l'occasion d'assister à l'une des nombreuses fêtes qui sont organisées et au cours desquelles le feu est omniprésent : feux de joie (las hogueras), feux d'artifice (los fuegos artificiales), pétards (los petardos). Ça pète partout !

Los Sanfermines

En temps normal, à Pampelune (Pamplona), tu as l'impression que rien ne se passe. Or, si tu es là entre le 6 et le 14 juillet, tu as intérêt à aimer les sensations fortes ! À cette époque se déroule en l'honneur du patron de la ville, San Fermín, une fête originale et joyeuse connue sous le nom de los sanfermines. Tous les soirs à 8 h, des centaines de personnes affublées d'un foulard rouge courent comme des dératés dans la rue qui mène aux arènes. Et pourquoi courent-ils ? Tout simplement parce que des taureaux ont été lâchés derrière eux, dans cette même rue !!! On appelle ça los encierros (les mises au toril). Si tu te trouves là, on ne peut que te conseiller la prudence ! Tu t'imagines, encorné(e) par un taureau ? Tu aurais l'air fin !

¿No es peligroso, ponerse tan cerca?
Ce n'est pas dangereux, de rester si près ?

Écrire la date
Souviens-toi qu'il faut toujours utiliser de entre le jour et le mois (de même, entre le mois et l'année) :
3/8/2012 = el tres de agosto de dos mil doce.

La Tomatina

Chaque année, à Buñol, une municipalité de la Communauté valencienne, des milliers de personnes se réunissent le dernier mercredi du mois d'août pour une gigantesque bataille, la Tomatina, qui consiste à se jeter des tomates à la figure. Plus de 100 tonnes de tomates bien mûres arrivent par camions-bennes jusqu'au centre du village et servent de projectiles. Tu aimes le jus de tomate ?

Los Moros y Cristianos

Pendant huit siècles (de 718 à 1492), les royaumes chrétiens et musulmans ont coexisté tout en essayant d'imposer leur suprématie à la péninsule Ibérique. Les fêtes de Moros y Cristianos (maures et chrétiens), qui ont lieu principalement l'été

dans le Levant espagnol (le Pays valencien, et les régions d'Alicante et Murcie), commémorent ces affrontements qui donnent lieu à de spectaculaires reconstitutions de batailles (sans effusion de sang !). Des centaines de figurants costumés paradent, accompagnés par la musique des fanfares (las bandas de música) et par l'odeur de la poudre des pétards et des feux d'artifice. Alors ? Tu vas te déguiser comment ? En maure ou en chrétien ?

Le geste qui sauve

¡Cuánta gente!

Si tu vois un Espagnol rassembler plusieurs fois ses quatre doigts sur son pouce, cela ne veut pas dire qu'il a peur mais que l'endroit est plein de monde (« C'est noir de monde ! »).

El Día de la Hispanidad

Le 12 octobre 1492, après une longue traversée en mer, Christophe Colomb débarque sur les terres du continent américain. La fête nationale espagnole commémore cet événement : on l'appelle Día de la Hispanidad (fête de l'Hispanité). Curieusement, aucune manifestation particulière ni le moindre petit feu d'artifice pour ce 14 Juillet à la sauce espagnole ! Un peu décevant, à vrai dire...

La Navidad

Après le dîner de la nuit de Noël (la Nochebuena) et la messe de minuit (la misa del gallo), la famille se réunit à nouveau

Le petit point de grammaire : la forma pasiva

La forme passive se construit comme en français : le verbe ser (être), suivi du participe passé (qui s'accorde en genre et en nombre avec le nouveau sujet), tandis que l'ancien sujet est introduit par la préposition por (par) :

En 1492 Cristóbal Colón descubrió América.
En 1492, Christophe Colomb découvrit l'Amérique.

América fue descubierta por Cristóbal Colón en 1492.
L'Amérique fut découverte par Christophe Colomb en 1492.

le jour de Noël (la Navidad) pour le traditionnel repas. Pas de menu typique, chaque région ayant ses propres spécialités, mais partout sont servis el turrón (sorte de nougat à base d'amandes, de miel et de sucre) et el cava, vin mousseux qui accompagne toutes les grandes occasions.

Dans toutes les maisons, on trouve la crèche (el belén) et l'arbre de Noël (el árbol de Navidad) devant lequel les enfants chantent des chants de Noël (los villancicos). Mais ils devront attendre jusqu'au 6 janvier, jour des Rois mages, pour avoir leurs cadeaux.

La Nochevieja

La Nochevieja, la nuit « vieille », en ce sens qu'elle est la dernière nuit de l'année. Elle se passe évidemment à table, en famille ou avec des amis, le poste de télé allumé car il ne faut surtout pas louper les douze coups de minuit (las campanadas) sonnés à l'horloge de la Puerta del Sol à Madrid. À chaque coup de cloche, il faut avaler un grain de raisin (los granos de uva) – appelé aussi le raisin de la chance (las uvas de la suerte) –, en faisant un vœu. C'est une façon de commencer la nouvelle année du bon pied, à moins que tu ne t'étouffes ! ¡Feliz y Próspero Año Nuevo! (Bonne Année !)

Les petits pièges à éviter

La fiesta désigne « la fête » mais aussi « la soirée ». Attention ! L'expression hacer la fiesta n'existe pas ! « Faire la fête » se dit ir de marcha ou ir de juerga.

Organizar una fiesta

Il n'y a pas que les grands rassemblements ! Les Espagnols ne manquent jamais une occasion de se retrouver et de s'amuser ! Il y aura plus d'une fête pendant ton séjour ! D'abord, les invitations :

¿Haces algo el lunes que viene?
Est-ce que tu fais quelque chose lundi prochain ?

Un día especial

Hay una fiesta en casa de Carmen, el miércoles 25.
Il y a une soirée chez Carmen mercredi 25.

Chouette ! Une soirée chez Carmen !

¿Dónde es?
Où ça se passe ?

¿A qué hora empieza?
À quelle heure ça commence ?

¿Quién va a ir?
Qui est invité ?

¿Qué tipo de música van a poner?
Il y aura quel type de musique ?

¿Hay que ir vestido de alguna manera especial?
Comment faut-il s'habiller ?

¿Hay que llevar algo?
Faut-il apporter quelque chose ?

¿Puedo venir con alguien/un(a) amigo(-a)?
Est-ce que je peux venir avec quelqu'un/un(e) ami(e) ?

Amuse-toi bien !

¡Que te diviertas! / ¡Pásatelo bien!
Amuse-toi bien !

El día del santo

(Le jour de la fête)

En Espagne, on célèbre autant, si ce n'est plus, la fête de quelqu'un, surtout lorsqu'il s'agit d'un saint important : María (Marie), José (Joseph), Jorge (Georges), etc. On fait un grand repas en famille et il y a même des cadeaux. Pour souhaiter à quelqu'un une « Bonne fête ! », on lui dira ¡Felicidades!

¡Feliz cumpleaños!

Ton anniversaire (el cumpleaños) tombe pendant ton séjour ? Il faut fêter ça !

El martes que viene es mi cumpleaños.
Mardi prochain, c'est mon anniversaire.

Este año mi cumpleaños cae un jueves.
Cette année, mon anniversaire tombe un jeudi.

Tu souffleras tes bougies (soplar las velas) pendant que toutes les personnes réunies autour de toi chanteront ¡Cumpleaños feliz, cumpleaños feliz, te deseamos todos, cumpleaños feliz!

Sans oublier le petit cadeau (el regalo) :

Un día especial

¿Qué necesitas?
De quoi as-tu besoin ?

¿Qué quieres que te regale?
Que veux-tu que je t'offre ?

Cela peut être un cadeau commun :

¿Hay un regalo común o cada uno lleva algo por su cuenta?
Il y a un cadeau commun ou bien chacun apporte quelque chose de son côté.

¿Cuánto tiene que pagar cada uno?
Chacun doit mettre combien ?

Dans tous les cas, il faut savoir dire :

Muchas gracias, pero no era necesario.
Merci beaucoup, mais il ne fallait pas.

No tenías/teníais que haberme comprado nada.
Tu n'avais pas/vous n'aviez pas besoin de m'acheter quelque chose.

Tu/Vuestra presencia era suficiente.
Ta/Votre présence était suffisante.

Hypocrite ! On aurait voulu voir ta tête si tu n'avais pas eu de cadeau !

¡Qué dolor!
Lors d'un anniversaire, la tradition veut que l'on tire autant de fois l'oreille qu'il y a d'années... On compte à voix haute et il vaut mieux avoir 5 ans que 70 ans... Tu as quel âge, déjà ? Aïe !

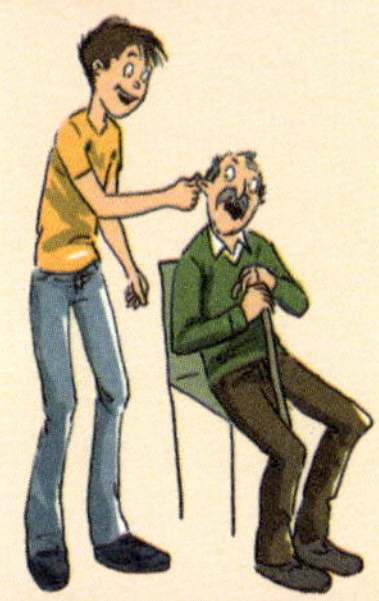

QUIZ Un petit quiz pour terminer !

La tradition consistant à lâcher des taureaux dans les rues et à courir devant, a lieu :

- ○ **dans toute l'Espagne**
- ○ **seulement en Andalousie**
- ○ **uniquement dans la ville de Pampelune**

Christophe Colomb a atteint les terres américaines :

- ○ **le 12 octobre 1492**
- ○ **le 14 juillet 1789**
- ○ **le 6 mai 1555**

16

¡Necesito ayuda!

Un número útil
Si tu dois signaler une agression, un vol ou un accident, le numéro pour tous les services d'urgence est le même qu'en France (et dans toute l'Union européenne) : **112**. Et c'est gratuit !

Tout allait si bien jusqu'à présent ! Quand soudain… un matin… tu te réveilles avec les yeux bouffis et des boutons partout… Allergie aux churros ? Un midi, en rentrant de la plage, tu as l'impression que tu vas prendre feu ! On te l'a assez dit de faire attention au soleil et tu as l'air malin, rouge comme une écrevisse (rojo(-a) como una gamba) ! D'ailleurs, en parlant de crustacés, tu es sûr(e) que ceux de la paella étaient frais ? Tu es tout(e) vert(e) ! Comment faire comprendre que tu n'es pas au mieux de ta forme ? Si tu fais ton entrée dans la cuisine en rampant par terre, le teint verdâtre, et que tu vas vomir dans la gamelle du chat, tu arriveras sûrement à transmettre l'essentiel du message. Mais si tu penses pouvoir articuler quelques mots, ce chapitre va t'aider.

¿Un problema?

Voici quelques formules (à apprendre par cœur) qui t'éviteront de feuilleter frénétiquement ton guide.

¡Cuidado! ou **¡Ojo!**
Attention !

¡Socorro!
Au secours !

¡Auxilio!
À l'aide !

¡Fuego!
Au feu !

Llamen a la policía/a los bomberos.
Appelez la police/les pompiers.

Hay que pedir un médico/una ambulancia.
Il faut appeler un médecin/une ambulance.

En la consulta del médico

Tu es de plus en plus vert(e) ? Il va falloir faire appel aux professionnels.

Quiero ir al médico.
J'aimerais aller chez le médecin.

¿Qué te pasa?
Qu'est-ce qu'il t'arrive ?

No me encuentro bien.
Je ne me sens pas bien.

Me siento mal.
Je me sens mal.

Estoy enfermo(-a).
Je suis malade.

Une fois dans le cabinet médical (la consulta médica), tu peux toujours montrer du doigt l'endroit où tu as mal :

Me duele aquí.
J'ai mal ici.

Ou décrire tes symptômes (los síntomas) :

Tengo náuseas/diarrea.
J'ai la nausée/la diarrhée.

Tengo fiebre desde anoche.
Depuis hier soir, j'ai de la fièvre.

Tengo dolor de cabeza./Me duele la cabeza.
J'ai mal à la tête.

Tengo escalofríos.
J'ai des frissons.

Tengo la nariz tapada.
J'ai le nez bouché.

Me duele la garganta.
J'ai mal à la gorge.

Pendant l'examen médical (la visita médica), le docteur va t'ausculter (auscultar) attentivement avec son stéthoscope (el estetoscopio) et te palper sous toutes les coutures :

L'expression qui sauve

Si tu as besoin d'aide, crie ¡Ayuda! D'ailleurs, pour demander ou proposer de l'aide, le verbe ayudar (aider) peut s'avérer très utile : ¡Ayúdenme! Aidez-moi !
¿Te ayudo? Je peux t'aider ?

Les petits pièges à éviter

Si tu as mal quelque part, tu dois dire me duele.

Me duele la espalda. J'ai mal au dos.

Et si tu as mal à plusieurs endroits, tu diras me duelen.

Me duelen los pies. J'ai mal aux pieds.

Tengo problemas

Desnúdate de cintura para arriba.
Mets-toi torse nu./Enlève le haut.

Túmbate.
Allonge-toi.

Respira hondo.
Respire profondément.

¿Te duele cuando aprieto aquí?
Ça te fait mal quand j'appuie là ?

N'angoisse pas ! Ce n'est sûrement pas grave !

No es nada grave.
Ce n'est rien de grave.

Le médecin va trouver en moins de deux ce qui t'arrive et faire un diagnostic (el diagnóstico).

Tu t'es pris les pieds en dansant una sevillana ?

el golpe	le coup
el chichón	la bosse
el cardenal ou **el moratón**	le bleu
el corte	la coupure
la herida	la blessure, la plaie
la caída	la chute
el esguince	l'entorse
la fractura	la fracture

Ça te gratouille ou ça te chatouille ?

la picadura	la piqûre [d'insecte, de méduse]
el picor	la démangeaison
la alergia	l'allergie

Tu as repris six fois de la tortilla ?!!!

la indigestión	l'indigestion
la náusea	la nausée
vomitar	vomir
la intoxicación alimentaria	l'intoxication alimentaire
el mareo	le mal au cœur, de mer...

Les petits pièges à éviter

Tu as le tournis et la nausée dans le bus qui t'emmène rejoindre le bateau sur lequel tu vomiras tripes et boyaux... Comment traduire cela ? Un seul verbe ! Marearse qui veut dire « avoir la tête qui tourne », « avoir le mal des transports », « avoir mal au cœur », « avoir le mal de mer ».

Tengo problemas

el estreñimiento	la constipation
la diarrea	la diarrhée
la diarrea del viajero	la tourista

Ne regarde pas avec des yeux ronds celui ou celle qui te demande, en t'entendant éternuer, si estás constipado(-a) ! Il s'agit d'un faux ami.

el constipado	le rhume
el catarro	le rhume
el resfriado	le rhume
la gripe	la grippe
el estornudo	l'éternuement
la tos	la toux

Tu t'es endormi(e) au soleil ?

la quemadura	la brûlure
la quemadura solar	le coup de soleil

Et comme si ça ne suffisait pas, tous ces petits bobos peuvent s'accompagner de fatigue (el cansancio) ou de fièvre (la fiebre).

Las partes del cuerpo

Il ne suffit pas d'avoir mal, encore faut-il savoir où ! Commençons par la tête (la cabeza) :

la nariz	le nez
la boca	la bouche
la oreja	l'oreille
el cuello	le cou

La tête, c'est fait ! Descendons :

el pecho	la poitrine, le sein
el codo	le coude
la muñeca	le poignet
la mano	la main
el dedo	le doigt

Les petits pièges à éviter

Estar constipado(-a) veut dire « être enrhumé(e) ». En espagnol, « être constipé(e) » se dit estar estreñido(-a). Pas vraiment le même traitement !

Les petits pièges à éviter

La espalda désigne « le dos » ; « l'épaule » se dit el hombro.

Et pour finir :

el estómago	l'estomac
la barriga ou **el vientre**	le ventre
la pierna	la jambe
la rodilla	le genou
el dedo del pie	l'orteil

No es nada grave.

El diagnóstico

Pour être sûr de son diagnostic, et avant de te mettre un plâtre (una escayola), le docteur a demandé une radiographie (una radiografía). À moins que quelques points de suture (los puntos de sutura) n'aient suffi. C'est le moment des recommandations…

Tienes que descansar.
Tu dois te reposer.

Quédate en la cama durante dos días.
Tu dois rester au lit pendant deux jours.

… et de la rédaction d'une ordonnance (una receta) :

Aquí tienes la receta para ir a la farmacia.
Voici une ordonnance pour la pharmacie.

Pauvre petit bouchon ! Ça va mieux ?

En la farmacia

Inutile de passer par la case « médecin », tu sais ce que tu as ou ce dont tu as besoin. Direction, la pharmacie (la farmacia) !

Estoy buscando una farmacia.
Je cherche une pharmacie.

¿Sabes si hay una farmacia de guardia por aquí?
Tu sais s'il y a une pharmacie de garde par ici ?

Necesito un medicamento.
J'ai besoin d'un médicament.

L'expression qui sauve

Tengo dolor de…

Avec cette expression qui signifie « J'ai mal à/aux… », il te suffit d'ajouter la partie du corps concerné. Pratique, non ?

Tengo dolor de muelas. J'ai mal aux dents.

Tengo problemas

De quoi as-tu besoin, pauvre créature ?

¿Tienes algo para la tos?
As-tu quelque chose contre la toux ?

Necesito esparadrapo/tiritas.
Il me faudrait du sparadrap/des pansements.

Quiero paracetamol/líquido para las lentillas.
Je voudrais du paracétamol/une solution pour mes lentilles.

Dame aspirinas/tampones, por favor.
Donne-moi de l'aspirine/des tampons, s'il te plaît.

Tu as besoin d'un conseil ?

Me he cortado.
Je me suis coupé(e).

Me he quemado con el sol.
J'ai attrapé un coup de soleil.

Me ha picado una medusa.
Je me suis fait piquer par une méduse.

Ne fais pas n'importe quoi !

Atchoum !
L'expression équivalente de « À tes souhaits ! » lorsqu'on éternue (estornudar) est ¡Jesús! (littéralement « Jésus ! »). On répond tout simplement ¡Gracias! (merci).

Le petit point de grammaire : l'impératif négatif

Pour exprimer une interdiction, utilise l'impératif négatif. Pour la forme correspondant au « tu », c'est très facile à former !

Prends la même personne au présent de l'indicatif, et change le a en e et le e en a. Et c'est tout !

No corras. Ne cours pas.

Évidemment, toujours quelques verbes irréguliers pour mettre un peu de piment :

decir → no digas (ne dis pas)	salir → no salgas (ne sors pas)
hacer → no hagas (ne fais pas)	ser → no seas (ne sois pas)
ir → no vayas (ne va pas)	tener → no tengas (n'aies pas)
poner → no pongas (ne mets pas)	venir → no vengas (ne viens pas)

No hagas esfuerzos. Évite de te fatiguer.

Comme en français, le pronom se met devant :

No te muevas. Ne bouge pas.

Estoy buscando una farmacia

(Je cherche une pharmacie)

Les pharmaciens espagnols sont très qualifiés et peuvent être de bon conseil même s'ils ne remplacent pas une visite chez le médecin. Les pharmacies de garde (las farmacias de guardia) sont ouvertes 24 heures sur 24, en semaine comme le dimanche et les jours fériés. La liste de ces pharmacies est affichée sur la vitrine.

Tengo problemas

¿Qué dosis me tomo?
Combien dois-je en prendre ?

¿Con qué frecuencia?
Combien de fois par jour ?

Hay que tomar una cucharadita después de/antes de/con las comidas.
Il faut prendre une cuillère à café après/avant/pendant les repas.

Hay que tragar el comprimido entero con el estómago vacío.
Il faut prendre le comprimé à jeun.

Hay que tomar tres gotas tres veces al día.
Il faut prendre trois gouttes trois fois par jour.

Tu devrais bientôt aller mieux (pronto te sentirás mejor) !

Medicamentos y artículos de farmacia

Avec cette liste, tu dois pouvoir guérir de tout ! Adieu boutons, coliques et lumbagos !

la aspirina	l'aspirine
el algodón	le coton
la tirita	le pansement (adhésif)
el esparadrapo	le sparadrap
la venda	la bande
el antiséptico	l'antiseptique
la pastilla	le comprimé
la píldora	la pilule
el desinfectante	le désinfectant
el jarabe	le sirop
la pomada	la pommade
el laxante	le laxatif
el supositorio	le suppositoire
el tampón	le tampon
la compresa	la serviette hygiénique

En el dentista

Rien de tel qu'une bonne rage de dents (un dolor de muelas) pour pimenter les vacances ! Cette molaire qui te chatouillait avant de partir te donne maintenant envie de sauter par la fenêtre ? À moins que tu n'aies laissé une canine dans le turrón ? Bref ! Tu dois trouver un dentiste (un dentista), et ça urge !

Necesito un dentista.
J'ai besoin d'un dentiste.

Face à ce dentiste sadique (pléonasme ?) qui agite sa fraise sous ton nez, tu passes immédiatement aux aveux :

Me duele un diente/una muela.
J'ai mal à une dent/une molaire.

Se me ha caído un empaste/una funda.
J'ai perdu un plombage/une couronne.

Creo que tengo una caries.
Je pense que j'ai une carie.

¿Me tienes que sacar la muela?
Dois-tu m'arracher la dent ?

Le moment que tu craignais tellement arrive :

¡Abre la boca!
Ouvre la bouche !

Dans un dernier souffle, tu supplies :

Por favor, doctor, ¡adminístrame anestesia!
Par pitié, docteur, fais-moi une anesthésie !

Al hospital

Las urgencias, ce sont les urgences. Tu as vraiment envie d'y aller ?

Tienes que ir al hospital.
Tu dois aller à l'hôpital.

Les petits pièges à éviter
La receta désigne « l'ordonnance », mais aussi « la recette » en cuisine.

Más vale prevenir...
Il n'est pas nécessaire de se faire vacciner avant de se rendre en Espagne. Mais c'est l'occasion de vérifier que tu es à jour dans tes vaccins (diphtérie, tétanos, poliomyélite...).

Tengo problemas

Me he dado un golpe.
Je me suis cogné(e).

Me he hecho daño en la mano.
Je me suis fait mal à la main.

Me he caído.
Je suis tombé(e).

Creo que me he roto el brazo.
Je crois que je me suis cassé le bras.

Me he torcido el tobillo.
Je me suis foulé la cheville.

Me ha entrado algo en el ojo.
J'ai quelque chose dans l'œil.

À ne pas oublier !
Au moins deux semaines avant de partir, rappelle à tes parents de demander à la Sécu une carte européenne d'assurance maladie (la Tarjeta Sanitaria Europea). Elle est valable 1 an et tes frais médicaux seront pris en charge.

¡He perdido la mochila!

Tu as oublié ta tablette numérique dans un café ? Ton blouson neuf dans le bus ? Et ta tête ? Un honnête citoyen a pu les trouver et les ramener au bureau des objets trouvés (la Oficina de Objetos Perdidos). Il n'est pas interdit de rêver !

He perdido...
J'ai perdu...

¿Sabes si alguien ha encontrado...?
Sais-tu si quelqu'un a trouvé... ?

Es una mochila pequeña, roja, de tela.
C'est une petite sacoche rouge, en tissu.

¡Me han robado!

Est-ce utile de te dire de ne pas laisser traîner ton appareil photo ou ton portable lorsque tu es sur une terrasse ? Ni ton sac ouvert pendant que tu te balades ! En Espagne, comme partout, il y a des voleurs, et particulièrement dans les endroits touristiques. Ils guettent les insouciants qui laissent leur sac ou leur portefeuille sans surveillance. Que tu aies été victime d'un pickpocket (un carterista) ou d'un vol à l'arraché (el tirón), le passage au commissariat (la comisaría) s'impose, voire la visite au consulat (el consulado) si tes papiers sont partis avec le sac ! Ta famille d'accueil t'accompagnera, certes, dans toutes les démarches, mais il faudra déjà leur expliquer ce qui t'est arrivé :

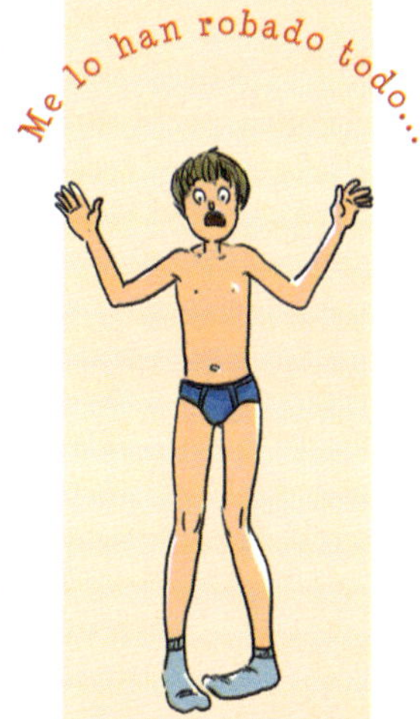

Me han robado la mochila/la cartera.
On m'a volé ma sacoche/mon portefeuille.

Había dinero y el pasaporte.
Il y avait de l'argent et mon passeport.

Quiero poner una denuncia por robo.
Je veux faire une déclaration de vol.

¿Qué tengo que hacer?
Que dois-je faire ?

Si tu as vu ton voleur et que tu dois le décrire, retour au chapitre 1 ! Au commissariat comme chez le médecin, tu vas certainement devoir attendre. Profites-en pour faire...

QUIZ Un petit quiz pour terminer !

Relie ces expressions à leur traduction, et essaie de comprendre ce qu'elles veulent dire mot pour mot. Elles contiennent toutes le nom d'une partie du corps :

Ojos que no ven, corazón que no siente.	En un clin d'œil.
No tener pelos en la lengua.	Loin des yeux, loin du cœur.
No dar pie con bola.	Ça coûte les yeux de la tête.
Cuesta un riñón.	Ne pas avoir la langue dans sa poche.
En un abrir y cerrar de ojos.	Faire tout de travers.

Quel est l'intrus dans cette armoire à pharmacie ?

- ❍ **la tirita**
- ❍ **el tobillo**
- ❍ **el jarabe**
- ❍ **la venda**
- ❍ **el esparadrapo**

17

Comunicando

Être à l'étranger ne veut pas dire être coupé(e) du monde. Tes parents ne supporteraient pas de rester sans nouvelles et toi, tu ne supporterais pas de perdre le contact avec tes potes. Sans compter ta famille d'accueil qu'il faudra bien prévenir si un jour tu es en retard. Décidément, ce n'est pas encore aujourd'hui que tu vas arrêter de tapoter sur un clavier !

¿Dónde hay un teléfono?

Premier cas de figure, tu as un portable (un teléfono móvil) : tu composes ton numéro (marcar el número), et basta !

Deuxième cas de figure, tu n'as pas de portable : tu dois demander la permission d'utiliser le fixe.

¿Puedo hacer una llamada, por favor?
Je peux passer un coup de fil, s'il te plaît ?

Querría llamar a mi familia.
Je voudrais appeler ma famille.

Sinon, il te reste toujours la bonne vieille cabine téléphonique (la cabina telefónica).

¿Hay una cabina telefónica por aquí?
Y a-t-il une cabine téléphonique par ici ?

Al teléfono

Tu crois que le mot « Allô » est universel ? Pas du tout ! Lorsque tu appelles un numéro, la personne qui décroche te dira : ¿Diga? ou ¿Dígame? ou ¿Sí?

La tarjeta telefónica

N'oublie pas d'acheter une carte dans un bureau de tabac (un estanco) ou dans un kiosque à journaux (un quiosco) car les cabines à pièces se font de plus en plus rares.

Dame una tarjeta telefónica prepago de 10 euros.

Je voudrais une carte téléphonique prépayée de 10 euros.

Et toi, que vas-tu répondre ? Comme tu es bien élevé(e), commence par te présenter :

¡Hola! Soy Pierre.
Salut ! Je m'appelle Pierre.

Imaginons un petit dialogue où tu vas pouvoir piocher de quoi ne pas rester sans voix, ce qui est toujours gênant au téléphone…

– **¿Diga?**
Allô

– **………. (silencio)**
……………. (silence)

– **¿Con quien hablo?**
Qui est à l'appareil ?

– **¡Hola! Soy Anne. ¿Está David?**
Bonjour, je suis Anne, est-ce que David est là ?

– **¿Puedo hablar con el, por favor?**
Est-ce que je peux lui parler, s'il te plaît ?

– **Un momento, no cuelgues, ahora mismo te lo paso.**
Un instant, ne raccroche pas, je te le passe tout de suite.

– **Sí que está. Ahora se pone.**
Il est là. Je te le passe.

– **No está, ha salido.**
Il n'est pas là, il est sorti.

– **Volveré a llamar más tarde.**
Je rappellerai plus tard.

– **¿Le puedes dar un recado?**
Peux-tu lui transmettre un message ?

– **¿De parte de quién?**
De la part de qui ?

Si on te dit Creo que te equivocas de número, vérifie dans ton carnet d'adresses avant de refaire le numéro.

Pas si simple de téléphoner dans une langue étrangère !

Los locutorios

Ces établissements, qui ont poussé comme des champignons, ressemblent à nos Taxiphones. Ils proposent des téléphones publics qui permettent d'appeler l'étranger à des tarifs particulièrement compétitifs (on paie à la fin de la communication), mais aussi de surfer sur Internet (comme dans un cybercafé), de faire des photocopies (una fotocopia), etc. On peut également y acheter des cartes téléphoniques.

L'expression qui sauve

¿Diga? ou encore ¿Dígame? ou ¿Sí?, sont les expressions que l'on utilise au téléphone pour répondre, et qui correspondent à notre « Allô ! », au sens de « J'écoute ! ». Le « Allô ? » qui sert à faire réagir ton interlocuteur, muet à l'autre bout du fil, se dit ¿Oye?

El lenguaje SMS

Vas-tu savoir déchiffrer le SMS (un mensaje corto ou un mensaje de texto) que vient de t'envoyer Pablo ? Voici de l'aide :

+	**(más)**	plus
a2	**(adiós)**	au revoir
ad+	**(además)**	en plus
salu2	**(saludos)**	salut
tmb	**(también)**	aussi
q	**(que)**	que, qui
qndo	**(cuando)**	quand
xa	**(para)**	pour
xo	**(pero)**	mais
x	**(por)**	par
xq	**(porque)**	parce que
dsps	**(después)**	après
kmtas	**(¿como éstas?)**	ça va ?

El ordenata

Tes hôtes sont des vrais geeks et, chez eux, il y a tout pour faire ton bonheur : ordinateur, tablette tactile, Wii... Mais avant de te jeter sur l'ordi (el ordenador ou, plus familier, el ordenata), n'oublie pas de demander la permission :

¿Puedo utilizar el ordenador?
Puis-je utiliser l'ordinateur ?

La souris te tient tête ?

No consigo conectarme a internet.
Je n'arrive pas à me connecter à Internet.

El ordenador se ha bloqueado.
L'ordinateur est bloqué.

Mais ! C'est quoi ce fichu clavier ?

No encuentro la arroba en el teclado.
Je ne trouve pas l'arobase sur le clavier.

Bon, à part le détail non négligeable du clavier, le reste, tu connais !

la pantalla	l'écran	**la carpeta**	le dossier
la tecla	la touche	**hacer clic**	cliquer
el ratón	la souris	**bajar**	télécharger
el programa	le logiciel	**guardar**	sauvegarder
el archivo	le fichier	**borrar**	effacer

En el cibercafé

Ta famille d'accueil est top, mais pas terrible côté nouvelles technologies ! Ils ont un vieil ordi pourri qui rame grave et il faut des plombes pour se connecter à Internet. Ou, encore pire, ils sont restés au Moyen Âge et n'en ont pas !! Tu veux consulter tes mails et suivre l'actualité de tes potes sur tes réseaux sociaux chéris ? Une seule solution, le cybercafé (el cibercafé) !

¿Cuánto cuesta conectarse una hora?
Combien ça coûte de se connecter pendant une heure ?

¿En qué ordenador me pongo?
Sur quel poste je me mets ?

¿Cuál es la contraseña para conectarse?
Quel est le mot de passe pour se connecter ?

Tu y trouveras tout le matériel qu'il te faut :

¿Tienes auriculares/un micrófono/ una webcam?
Puis-je avoir un casque/un micro/une webcam ?

Quiero imprimir un documento.
Je voudrais imprimer un document.

¿Dónde se inserta el lápiz (de memoria)?
Où est-ce qu'on insère la clé USB ?

Te voilà dans ton élément, heureux comme une moule dans la paella.

El teclado español

Ton texte est truffé de fautes ? Normal, les touches du clavier ne sont pas disposées de la même façon que les nôtres. Pour une fois que tu as une excuse ! Nos voisins ibériques emploient le Qwerty (les six premières lettres de la première rangée), tandis que tu es habitué(e) à un clavier Azerty. Mais ce n'est pas la seule différence : tu verras, il y a des touches pour certains caractères propres à l'espagnol, tels que la lettre ñ ou les signes d'interrogation ou d'exclamation inversés ¿ et ¡.

Les accents

Tu t'aperçois qu'il n'y a pas de caractères accentués sur ton clavier. Pour les obtenir, enclenche le bouton « Bloq Num » au-dessus du pavé numérique, et saisis ces codes, en gardant un doigt sur la touche « alt » :

alt + 160	á
alt + 133	à
alt + 131	â
alt + 145	æ
alt + 135	ç
alt + 138	è
alt + 130	é
alt + 136	ê
alt + 137	ë
alt + 140	î
alt + 139	ï
alt + 147	ô
alt + 0156	œ
alt + 150	û
alt + 151	ù
alt + 129	ü

Te envío un e-mail

Tu te souviens comment demander à quelqu'un son adresse mail :

¿Cuál es tu dirección de correo electrónico?
Quelle est ton adresse mail ?

Petit rappel du vocabulaire à connaître pour ne pas la noter de travers :

la arroba	l'arobase
el punto	le point
los dos puntos	le deux-points
el guion	le tiret
el guion bajo	le tiret touche 8
la barra	la barre

Relis-toi ! Avant de cliquer sur Enviar (Envoyer), vérifie que tu n'as pas fait trop de fautes à cause de ce fichu clavier espagnol (la bonne excuse !).

Te envío una postal

Tu as fini d'envoyer des e-cards à tous les gens normaux que tu connais, reste quelques éléments fossiles de ta famille : mamie Marguerite, tante Léonide, tonton Raymond... Ils ne vivent plus dans des grottes, certes, mais pensent que la toile sert à faire des sacs ! Et que les souris grignotent la toile !! Pour eux, il va falloir dénicher un crayon et opter pour une méthode ancestrale : l'envoi d'une carte postale (la postal), une vraie, en carton !

Dans la boutique, tu as le choix entre un coucher de soleil sur la mer, un toréador tenant fièrement ses banderilles, et des danseuses de flamenco avec de vraies robes en tissu. Tu n'hésites pas, les danseuses sont parfaites !

Tu veux montrer d'emblée ta totale maîtrise de la langue espagnole et tu commences par :

Querido Mathieu: / Querido amigo:
Cher Mathieu, / Cher ami,

Querida abuela:
Chère grand-mère,

¡Hola, tito "Ramón"!
Salut, tonton Raymond !

À moins que tu ne préfères conclure :

Recuerdos.
Meilleurs souvenirs.

Un (fuerte) abrazo.
(Bien) affectueusement.

Un beso muy fuerte.
Je t'embrasse bien fort.

(Muchos) besos.
(Gros) bisous.

Besos desde España.
Bisous d'Espagne.

Reste à acheter des timbres (los sellos). Le plus simple est d'aller dans un bureau de tabac (un estanco), que tu reconnaîtras à l'enseigne Tabacos.

¿Cuánto cuesta un sello para Francia?
Combien coûte un timbre pour la France ?

Dame por favor diez sellos para Bélgica/ Canadá.
Je voudrais dix timbres pour la Belgique/ le Canada, s'il te plaît.

Quiero un sobre, por favor.
Je voudrais une enveloppe, s'il te plaît.

Non ! Ne les range pas dans ton sac ! Tu dois trouver une boîte aux lettres (un buzón) :

¿Dónde hay un buzón?
Où y a-t-il une boîte aux lettres ?

Maintenant qu'elles sont timbrées, ça serait idiot de les ramener dans tes bagages.

Les petits pièges à éviter

Si une partie de ton adresse s'écrit en un seul mot, précise alors en una sola palabra. Par exemple, guillaumecourtois@yahoo.fr se dira : guillaume courtois, en una sola palabra, arroba yahoo punto fr.

Te envío un paquete

Comment vas-tu bien pouvoir ramener le jamón serrano que tu as acheté ? Il pèse une tonne et ta valise est pleine à craquer. Le garder sur tes genoux dans l'avion te réjouit moyennement. Et si tu le postais ? Bien ficelé, le paquet (un paquete) devrait arriver sans dommage (le porc à bon port !). Direction le bureau de poste (la oficina de correos) !

¿Dónde hay una oficina de correos?
Où est-ce qu'il y a un bureau de poste ?

¿A qué hora abre/cierra Correos?
À quelle heure ouvre/ferme la Poste ?

Ton jambon dans les bras, tu fais la queue devant un guichet (una ventanilla). Des chiens t'ont suivi(e) et ne quittent pas ton paquet des yeux... bizarre... C'est enfin ton tour :

Quiero enviar ou mandar este paquete a Marsella por correo aéreo.
Je voudrais envoyer ce colis à Marseille par avion.

¿Cuánto cuesta por kilo?
Quel est le tarif par kilo ?

¿Cuánto pesa?
Quel est le poids ?

¿Cuánto tiempo tarda en llegar?
Combien de temps mettra-t-il pour arriver ?

¿Dónde puedo echar esta carta?
(Où puis-je poster cette lettre ?)

En Espagne, les boîtes aux lettres (los buzones) sont hautes, rondes et jaunes, ou rectangulaires et vertes, mais toujours posées sur le sol. Dessus il y a écrit Correos, nom de la compagnie espagnole de distribution de courrier. En ville, elles ont parfois deux ouvertures : une pour la localité (ciudad ou localidad), et l'autre pour la province et l'étranger (provincias y extranjero).

Le petit point de grammaire : la préposition por

N'oublie pas que por correspond très souvent à « par » et sert à exprimer, entre autres :

- un moyen :
  Te mando las fotos por correo electrónico.
  Je t'envoie mes photos par mail.
- une proportion :
  La conexión a internet cuesta 2 euros por una hora.
  La connexion à Internet coûte 2 euros de l'heure.

L'employé de la poste, intrigué par les huit chiens assis autour de toi, te demande :

¿Contiene objetos frágiles?
Contient-il des objets fragiles ?

Il te tend une étiquette, à toi de jouer :

el destinatario	le nom du destinataire
la dirección	l'adresse
el código postal	le code postal
el remitente	le nom de l'expéditeur
envío en normal	envoi normal
envío urgente	envoi prioritaire
envío certificado	envoi recommandé

Pendant que tu fais la queue au guichet avec ton jambon, tu peux faire…

QUIZ Un petit quiz pour terminer !

Quel mot ou quelle expression ne s'emploie pas pour répondre au téléphone ?

- ❍ **¿Diga?**
- ❍ **¡Viva!**
- ❍ **¿Sí?**
- ❍ **¿Dígame?**

Écris cette adresse de site Web :

❍ **Hache te te pe dos puntos barra barra uve doble uve doble uve doble punto larousse punto efe erre**

………………………………………………………………………………

La compagnie espagnole qui distribue le courrier s'appelle :

- ❍ **Renfe**
- ❍ **Tabacos**
- ❍ **Estanco**
- ❍ **Correos**

18

¡Adiós!

Eh oui, les meilleures choses ont une fin... Ton séjour s'achève et c'est bien triste... Ta tête et ton cœur sont remplis de bons souvenirs ! Encore quelques semaines et tu rêvais carrément en espagnol ! Mais, à en croire la douzaine de SMS envoyés par tes parents depuis ce matin, on t'attend impatiemment. Alors, il est temps de dire gracias et adiós !

¡No te olvides de nada!

Tu avais fait une liste de choses à ne pas oublier avant ton départ, ce serait bien d'en refaire une avant de partir. Pense à...

1) rendre les clés
2) remercier tes hôtes et leur offrir un petit cadeau
3) acheter quelques bonnes charcuteries et du fromage
4) faire le tour de la maison et ramasser ce qui t'appartient
5) regarder sous le lit et jeter TOUT ce qui s'y trouve
6) remettre la main sur ta carte d'identité !

Triste despedida
(Tristes adieux)
En Espagne, les gens s'embrassent quand ils se quittent pour longtemps. Prépare tes joues, ça va claquer !

¿Y ahora qué?

Tu as mis dans ta valise, bien emballées, quelques valeurs sûres : vin de la Rioja, turrón et huile d'olive. De quoi faire un bon repas avant de regarder un film d'Almodóvar dont tu as acheté l'intégrale ! Tu as bien vérifié qu'ils étaient sous-titrés (en espagnol... bien sûr !) – ça aide !

De retour en France, il faudra continuer à écouter de l'espagnol (films, séries TV en VO, chansons, radio). Lis aussi des articles de presse, rien de plus facile sur Internet, et note les mots que tu ne connais pas. Mieux vaut apprendre quelques mots chaque jour plutôt qu'une longue liste de temps en temps. Enfin, tu pourras chatter avec tes nouveaux amis. Excellente façon d'entretenir ton espagnol.

¡Muchas gracias!

Tu as passé un excellent séjour, tes hôtes ont été super sympas, tu dois leur dire :

He tenido una excelente estancia.
J'ai passé un excellent séjour.

Os agradezco vuestra hospitalidad.
Je vous remercie pour votre hospitalité.

Gracias a vosotros me he sentido como en mi propia casa.
Grâce à vous, je me suis senti(e) comme chez moi.

Ha sido un placer haberos conocido.
J'ai été très heureux(-euse) de faire votre connaissance.

Gracias a vosotros he mejorado mucho mi español.
Grâce à vous, mon espagnol s'est beaucoup amélioré.

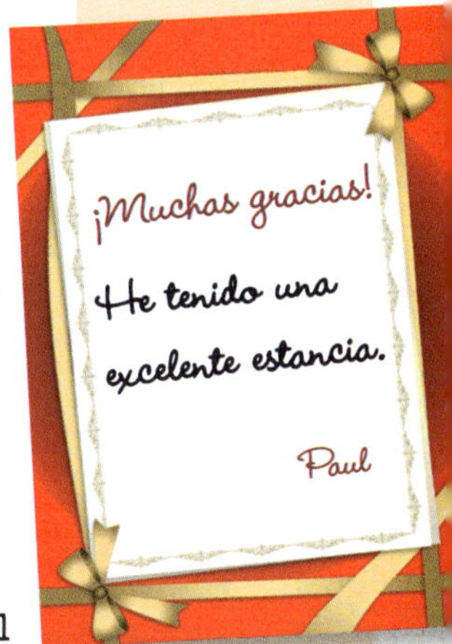

S'il te reste quelques sous, pense à acheter un petit cadeau (un detallito) à ton hôtesse ou du chocolat (elle adore !). Accompagnée d'un petit mot, cette attention la touchera beaucoup.

Esto es para ti/vosotros.
C'est pour toi/vous.

No es nada, un detallito.
Ce n'est rien, juste une petite bricole.

Tu peux inviter les membres de ta famille d'accueil ainsi que tes nouveaux copains à venir te voir :

¡Buen viaje de vuelta a casa!

Os espero en mi casa por Navidad.
Je vous attends chez moi à Noël.

Ahora te toca a ti venir a Francia a verme.
Maintenant, c'est à toi de venir en France me rendre visite.

Pas question de se perdre de vue. « Loin des yeux, loin du cœur » ? Sûrement pas !

Nos mantenemos en contacto, ¿vale?
On reste en contact, OK ?

Espero que nos volvamos a ver pronto.
J'espère que nous nous reverrons bientôt.

Volvamos ?!!! Waow ! Le subjonctif, ce truc de ouf ! Les progrès que t'as faits, dis donc !

Pas de honte à verser quelques larmes, d'ailleurs tu n'es pas le (la) seul(e) ! Allez ! Vous vous reverrez !

¡Hasta el año que viene!
À l'année prochaine !

¡Hasta pronto!
À bientôt !

¡Hasta la próxima!
À la prochaine !

Tu reprends tes esprits et tu décides que c'est ici et nulle part ailleurs que tu passeras tes vacances l'année prochaine ! Tu dois perfectionner ton flamenco, revoir le Prado, savoir distinguer le serrano du bellota... mais surtout, revoir ces gens que tu as appris à connaître et à apprécier.

L'expression qui sauve

Adiós – C'est le mot qui sert à prendre congé. En revanche, à la différence du mot français « Adieu ! », il ne signifie pas une séparation définitive.

QUIZ Un petit quiz pour terminer !

Que veut dire la phrase « Os agradezco por todo » :

- ○ **Je vous rends tout.**
- ○ **J'ai tout aimé.**
- ○ **Je vous remercie pour tout.**

19

Quiz de révision

Et maintenant, place aux choses sérieuses : à savoir, le test qui te permettra d'évaluer tout ce que tu as appris pendant tout ce temps-là ! Comment ? Ah, parce que tu croyais vraiment pouvoir y échapper ? Quand même pas ! Mais, t'inquiète, tu vas voir que les questions que nous allons te poser ne sont pas bien méchantes. Et si tu as bien fait attention et retenu ce que nous t'avons dit tout au long de ce guide, tu pourras presque le faire con los ojos cerrados (littéralement, « les yeux fermés », façon pour nos voisins ibériques de dire « les doigts dans le nez »)...

1 Que veut dire « ¡Hola! » ?

- ❍ **Allô !**
- ❍ **Salut !**
- ❍ **O.K.**

2 Tu as bu un verre dans un bar et tu veux demander l'addition. Tu dis...

- ❍ **¡La cuenta, por favor!**
- ❍ **¿Cuánto dinero es, por favor?**
- ❍ **Por favor, ¿hay que pagar?**

3 Tu veux t'acheter un sandwich, tu demandes...

- ❍ **un chorizo**
- ❍ **un bocadillo**
- ❍ **un mojito**

4 Si tu cherches les toilettes, tu dois demander...

- ❍ **¿Dónde están los servicios?**
- ❍ **¿Dónde hay una bañera?**
- ❍ **¿Dónde están los probadores?**

Quiz de révision

5 Qualifier un plat ou un repas de « rico » revient à dire qu'il est…

- ❍ typique du pays
- ❍ riche et calorique
- ❍ délicieux

6 Il est onze heures et on te demande l'heure. Tu dis…

- ❍ Es las once horas.
- ❍ Son las onces.
- ❍ Son las once.

7 Tu as faim, tu dis…

- ❍ Tengo sed.
- ❍ Tengo hambre.
- ❍ Tengo sueño.

8 Comment dit-on « s'il te plaît » en espagnol ?

- ❍ De favor.
- ❍ Con favor.
- ❍ Por favor.

9 Quelle danse est typique de l'Espagne ?

- ❍ le flamenco
- ❍ le tango
- ❍ la salsa

10 Si tu as envie de mer, de baignade et de soleil, propose…

- ❍ Quiero bailar.
- ❍ ¡Vamos a la playa!
- ❍ ¿Qué tal la playa?

Quiz de révision

11 Pour remercier, tu dis…

- ❍ **Adiós.**
- ❍ **Gracias.**
- ❍ **Vale.**

12 Tu n'aimes pas le poulpe, tu dis…

- ❍ **No gusto el pulpo.**
- ❍ **No me gusto el pulpo.**
- ❍ **No me gusta el pulpo.**

13 Si quelqu'un éternue, il faut dire…

- ❍ **¡Cristo!**
- ❍ **¡Jesús!**
- ❍ **¡Diablos!**

14 Pour connaître un prix, tu demandes…

- ❍ **¿Cuándo es?**
- ❍ **¿Cuánto está?**
- ❍ **¿Cuánto vale?**

15 Dans quelle pièce de la maison dort-on ?

- ❍ **en la cocina**
- ❍ **en el cuarto de baño**
- ❍ **en el dormitorio**

16 À quelle heure déjeune-t-on normalement en Espagne ?

- ❍ **entre 11 et 13 h**
- ❍ **entre 13 et 15 h**
- ❍ **entre 15 et 17 h**

17 Comment dit-on « gare » en espagnol ?

❍ la estación

❍ la parada

❍ la central

18 Tu as rencontré quelqu'un lors de ce séjour, cette personne te dit : « Me gustas ». Que veut-elle dire par là ?

❍ Elle te kiffe.

❍ Entre vous, c'est dead.

❍ Il y a une légère ouverture…

19 Pour un anniversaire, on souhaite…

❍ ¡Buen aniversario!

❍ ¡Feliz y Próspero Año Nuevo!

❍ ¡Feliz cumpleaños!

20 Si tu veux qu'on t'épelle un mot, tu dis…

❍ ¿Puedes articularlo?

❍ ¿Me lo puedes deletrear?

❍ ¿Lo puedes decir a la letra?

21 Tu cherches un distributeur automatique de billets, tu demandes alors…

❍ ¿Dónde está una tarjeta?

❍ ¿Dónde hay un cajero automático?

❍ ¿Dónde es una máquina de dinero?

22 Lequel de ces plats typiques espagnols est fait à base de riz ?

❍ el gazpacho

❍ la paella

❍ las tapas

Quiz de révision

23 Si quelqu'un te dit : « No entiendo nada », ça veut dire que cette personne…

- ❍ n'entend pas du tout
- ❍ ne comprend rien
- ❍ n'en peut plus

24 Comment dit-on qu'il fait très chaud ?

- ❍ ¡Qué caliente!
- ❍ ¡Qué calor!
- ❍ ¡Qué caluroso!

25 Pour savoir le nom de quelque chose, tu dis…

- ❍ ¿Qué nombre es?
- ❍ ¿Qué es su nombre?
- ❍ ¿Cómo se llama esto?

26 On dit « Buen provecho » pour souhaiter…

- ❍ bon appétit avant un repas
- ❍ bonne chance
- ❍ une bonne continuation

27 Qu'est-ce que c'est « un locutorio » ?

- ❍ une chaîne de grands magasins
- ❍ une sorte de cybercafé
- ❍ un type de boîte de nuit

28 En Catalogne, au Pays valencien et aux îles Baléares, on parle l'espagnol et…

- ❍ le catalan
- ❍ le basque
- ❍ le galicien

Quiz de révision

29 Si tu as mal à la tête, tu dis...

- ❍ Tengo dolor de garganta.
- ❍ Me duele la cabeza.
- ❍ Tengo dolor de barriga.

30 Quel type de graisse emploie-t-on en Espagne pour la cuisson des aliments ?

- ❍ le beurre
- ❍ l'huile d'olive
- ❍ le saindoux

31 Qu'est-ce que c'est « un semáforo » ?

- ❍ un plat typique
- ❍ un feu rouge
- ❍ un boui-boui de plage

32 Si quelqu'un te dit : « Lo siento », c'est que cette personne...

- ❍ souhaite te demander un service
- ❍ souhaite s'excuser
- ❍ est du même avis que toi

33 Si tu es censé(e) trouver quelque chose dans « la nevera », il s'agit...

- ❍ du placard
- ❍ du réfrigérateur
- ❍ du tiroir

34 « ¿Qué significa esto? » signifie...

- ❍ Qu'est-ce que c'est ?
- ❍ Qu'est-ce que tu veux dire par là ?
- ❍ Qu'est-ce que ça veut dire ?

Quiz de révision

35 Quelle particularité ont les claviers espagnols ?

- ❍ Les lettres ne sont pas placées au même endroit que sur un clavier français.
- ❍ Ils ont des grosses touches pour les malvoyants.
- ❍ Ils sont adaptés aux gauchers.

36 Si on te demande : « ¿Qué edad tienes? », on veut savoir...

- ❍ ton âge
- ❍ ton nom
- ❍ ton adresse

37 Tu veux que la personne en face parle plus doucement, tu lui demandes...

- ❍ ¿Puedes hablar más rápido?
- ❍ ¿Puedes hablar más despacio?
- ❍ ¿Puedes hablar más alto?

38 Les principaux ingrédients de « la tortilla » sont...

- ❍ les légumes verts
- ❍ les œufs et les pommes de terre
- ❍ les fruits de mer

39 Tu as besoin d'aide, tu dis...

- ❍ ¿Puedo ayudarte?
- ❍ ¿Puedes ayudarme?
- ❍ No pasa nada.

40 Tu es perdu(e) ? En espagnol, tu dis...

- ❍ Soy perdido(-a).
- ❍ Me he perdido.
- ❍ Estoy buscando.

41 Pendant la fête traditionnelle de la Saint-Firmin, on lâche dans les rues de la ville de Pampelune...

- ❍ des ballons
- ❍ des poules
- ❍ des taureaux

42 Pour savoir d'où quelqu'un vient, tu demandes...

- ❍ ¿De dónde eres?
- ❍ ¿De dónde estás?
- ❍ ¿Adónde vas?

43 « El castellano », le castillan, est...

- ❍ la variante régionale que l'on parle en Castille
- ❍ le nom de l'espagnol parlé en Amérique latine
- ❍ un autre nom donné à l'espagnol

44 En Espagne, on fait combien de bises ?

- ❍ deux (une sur chaque joue)
- ❍ trois (une sur chaque joue et une sur le front)
- ❍ quatre (alternativement sur chaque joue)

45 Comment dit-on « le sport » ?

- ❍ el esporte
- ❍ el desporte
- ❍ el deporte

46 Le soir, avant de te coucher, tu pourras entendre...

- ❍ ¡Buenos días!
- ❍ ¡Buenas tardes!
- ❍ ¡Buenas noches!

Corrigés

1 ¡Bienvenidos!

- ¡Hola! Soy Kevin.
- ¿Dónde están los aseos? et ¿Dónde están los servicios?
- La piel de toro.

2 ¡Hola!

- Me llamo XXX y soy francés(esa) / belga / suizo(-esa) / canadiense.
- Tengo catorce años.
- doce / diecinueve / veinticinco
- abuela / hermano / prima

3 Tu cuarto

- ¿Cuál es mi toalla?
- unos calzoncillos
- Home, sweet home

4 ¡Qué hambre!

- Tengo hambre.
- Me gustan las hamburguesas.
- tener el gusanillo

5 ¡Qué sueño!

- Tengo sueño.
- una silla

6 ¡Levántate, vamos!

- dans le frigo : la mantequilla, la leche, el yogur, el zumo de naranja ; dans le placard : el azúcar, las galletas
- la barra et el tronco
- quiquiriquí

7 ¡Que tengas un buen día!

- Sigue / Cruza / Coge
- Parce que les bandes blanches au sol rappellent les rayures du zèbre.

8 En clase

- Se pueden utilizar los ordenadores. (+) / No hay que sentarse por el suelo en los pasillos (-) / Está prohibido tirar papeles. (-)
- ¡Presente!

Corrigés

- Il faut que tu dises ton prénom, suivi du nom de famille de ton père, suivi du nom de famille de ta mère.

9 ¿Te mueres de hambre?

- Quiero lechuga en vez de patatas fritas.
- ¡Camarero(-a), por favor!
- un sandwich

10 Nuevos amigos

- Ya he quedado.
- ¿Qué planes tienes para esta noche?
- ¿Qué tal?

11 ¡Visitando!

- Barcelone
- audioguía

12 ¡Acción!

- flamenco
- Estar blanco como la leche.

13 ¡De compras!

- recuerdo
- camarero
- ¿Cuánto te debo?

14 ¡Qué rico!

- ¿Lleva ajo?
- el postre

15 ¡Viva la fiesta!

- uniquement dans la ville de Pampelune
- le 12 octobre 1492

16 ¡Necesito ayuda!

- \- Ojos que no ven, corazón que no siente. (litt. : « Yeux qui ne voient pas, cœur qui ne ressent pas. ») = Loin des yeux, loin du cœur.
  \- No tener pelos en la lengua. (litt. : « Ne pas avoir des poils sur la langue. ») = Ne pas avoir la langue dans sa poche.
  \- No dar pie con bola. (litt. : « Ne pas toucher la balle avec le pied. ») = Faire tout de travers.
  \- Cuesta un riñón. (litt. : « Ça coûte un rein. ») = Ça coûte les yeux de la tête.

Corrigés

- En un abrir y cerrar de ojos. (litt.: « Le temps d'ouvrir et de fermer les yeux. ») = En un clin d'œil.
- el tobillo

17 Comunicando

- ¡Viva!
- http://www.larousse.fr
- Correos

18 ¡Adiós!

- Je vous remercie pour tout.

19 Quiz de révision

1. Salut ! 2. ¡La cuenta, por favor! 3. un bocadillo 4. ¿Dónde están los servicios? 5. délicieux 6. Son las once. 7. Tengo hambre. 8. Por favor. 9. le flamenco 10. ¡Vamos a la playa! 11. Gracias. 12. No me gusta el pulpo. 13. ¡Jesús! 14. ¿Cuánto vale? 15. en el dormitorio 16. entre 13 et 15 h 17. la estación 18. Elle te kiffe. 19. ¡Feliz cumpleaños! 20. ¿Me lo puedes deletrear? 21. ¿Dónde hay un cajero automático? 22. la paella 23. ne comprend rien 24. ¡Qué calor! 25. ¿Cómo se llama esto? 26. bon appétit avant un repas 27. une sorte de cybercafé 28. le catalan 29. Me duele la cabeza. 30. l'huile d'olive 31. un feu rouge 32. souhaite s'excuser 33. du réfrigérateur 34. Qu'est-ce que ça veut dire ? 35. Les lettres ne sont pas placées au même endroit que sur un clavier français. 36. ton âge 37. ¿Puedes hablar más despacio? 38. les œufs et les pommes de terre 39. ¿Puedes ayudarme? 40. Me he perdido. 41. des taureaux 42. ¿De dónde eres? 43. un autre nom donné à l'espagnol 44. deux (une sur chaque joue) 45. el deporte 46. ¡Buenas noches!

Crédits photographiques :

© Fotolia : 9gods - Africa Studio - afxhome - Albachiaraa - Alessandro Capuzzo - Alex Bramwell - Alexandr Mitiuc - allegro - Ana Baron - Andrea Petrlik Huseinovic (Andreja Huseinovic), Zagreb, Croatia - Andres Rodriguez - Anna Kucherova - Anton Balazh - Argonautis - Ariwasabi - ATLANTISMEDIA - auris - azotea - babimu - beawolf - BG - bonninturina - Brooke Becker - calaratjada - camille braja - carballo - Carlos Caetano - Carlos E. Santa Maria All Rights Reserved - Carola Vahldiek - Cebreros - cidepix - combd - Daniel Ernst - dario - de_marco - diego cervo - dimedrol68 - Dmytro Kravets - dunadicarta - eceseven - Edyta Pawlowska - Elnur - fazon - FERLOP - ferrerivideo - flas100 - Franck Boston - francovolpato - frederique3 - FreeSoulProduction - full image - Gennadiy Poznyakov - Giuseppe Porzani - GoodMood Photo - gosphotodesign - grekoff - Hez - Ibfotomotor - idea - Igor Golovnov - IKO - imagebos - izumi1042 - Javier Castro - Jennyb79 - JERMVUT KITCHAICHANK - Joe Gough - Jose Ignacio Soto - Jose Manuel Dobarro - joserpizarro - Jotarico - julien tromeur - Jürgen Fälchle - kaanates - karandaev - kasto - komidadetarro - Kristian Peetz - lamax - lester120 - lightpoet - lily - Lota - Lucky Dragon - lunamarina - lvcandy - lynea - M.Bacher - madgooch - Maria Vazquez - Maridav - Marina Zlochin - Mariusz Prusaczyk - Massimiliano Gallo - mates - matin - Maximo Sanz - Melissa Schalke - mick20 - MIGUEL GARCIA SAAVED - mike6050 - Monkey Business - moonface - Moreno Novello - MrSegui - neirfy - Nikolai Sorokin - NinaMalyna - nito - Nuria llort - Oleksandr - olly - openwater - packelle - pakiwa - Paul Stock - pedrolieb - pedrosala - Perysty - philipus - picsfive - pio3 - Piumadaquila - Podfoto - poppystore - pressmaster - Prosetisen - Rainer Walter Schmie - ramonzarat - RealPhotoItaly - RHIMAGE - roberaten - robynmac - ronnybas - rubysoho - RVNW - S.White - Santi Rodrīguez - santi_ - Sashkin - Scanrail - schankz - Schlierner - serge_bertasius - Sergio Martīnez - Sergiogen - Song_mi - spline_x - sr_avispa - srodrim - SSilver - STUDIO12 - teracreonte - Thomas - Thomas LAUNOIS - Tiler84 - tintafotos - tonisalado - ug - ulricksouveton - vicentesimon - Viktor - Visty - Vitas - volff - WoGi - www.anibaltrejo.com - yadviga - Yasonya - Zai Aragon

© Mymonobrow/Getty Images/RF (page 119)

© Daquella manera/Flickr (page 139)

© David Tarradas (page 143)

Imprimé en Italie par
«La Tipografica Varese S.p.A.», Varese
Dépôt légal : août 2012 - 309124
N° de projet : 11018469 - août 2012